幸徳秋水

幸徳秋水

●人と思想

絲屋壽雄著

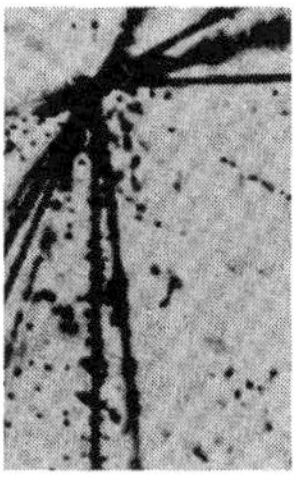

51

CenturyBooks

清水書院

はしがき

　一九六九年の八月八日、私は高知県中村市の市立中央公民館でひらかれた第一回市民大学で「幸徳秋水のすべて」という演題で講演を頼まれました。中村市は幸徳秋水の生地であり、私はこの中村市で、秋水について何も知らない青年諸君を相手に「秋水の生涯とその思想的発展」について語るということに特別の情熱を感じました。

　八月の土佐は猛烈な暑さで、公民館にはまだ冷房の設備がなかったので、主催者は氷柱をたてて、扇風機をかけてくださったのですが、話す者も聞く人も汗びっしょりでした。

　私は最後に、「中江兆民は、明治政府の作った『忠君愛国』という言葉に対抗して、民主主義の人民は『愛国忠民の人』でなければならないといいました。愛国忠民——国を愛し人民に忠実に奉仕することこそは、民主主義の時代の市民の理想であると教えました。幸徳秋水は、確かに忠君ではなかったが、兆民のいわゆる『愛国忠民の人』でありました。日本の国を愛し、日本の人民を愛していました。たまたま大逆事件に連座して処刑されましたが、その心情の清潔で、いかにも可憐な点まことにその死を惜しまないではいられません。」というと共感の拍手が捲きおこりました。

私はあの瞬間のらんらんと輝いた中村市の青年諸君の眸《ひとみ》を忘れることができません。

すでに私は一九五〇年に『幸徳秋水伝』（三一書房）を書き、一九六七年に『幸徳秋水研究』（青木書店）を書きましたが、こんど清水書院からの希望で、「人と思想」叢書のシリーズに『幸徳秋水』を入れることになり、三たび秋水と取りくむことになりました。

この本は、中村市の市民大学での講演を骨子とし、六七年以後の学界の秋水研究の新しい成果をも取り入れると共に、あくまで戦後の若い世代の諸君を対象とし、引用文などもできるだけ口語訳を採用し、難解な漢字はなるべく平易な漢字もしくはかなに書き改めることにして全体を読みやすくすることにつとめました。もし熱心な読者で直接、原典を見たいと希望される方は『幸徳秋水全集』（明治文献）にあたってくださることを希望いたします。また巻末の参考文献目録には今までの秋水研究書の主要なものが紹介してあります。

一九七三年一月二四日

東京にて

絲屋寿雄

目次

第一章　幸徳の少年時代

出生と幸徳の家庭

傳次郎の誕生

幸徳傳次郎は一八七一年、この年はパリ－コンミューンが誕生し、パリの労働者がたとい七二日間とはいえ、自らの政権を握った記念すべき年ですが、この七一年、わが明治四年の旧暦の九月二三日の午前三時に、現在の高知県中村市京町二丁目（戸籍上は幡多郡中村町大字中村町百十三番屋敷）に生まれました。明治四年という年は、徳川幕府を倒した薩長雄藩勢力を中心とする維新政府が、その仕上げともいうべき廃藩置県を断行した年にあたります。

幸徳の家庭

傳次郎の父は篤明、通称を嘉平次と呼び、一八四二年（天保一三）より本家幸徳家を継ぎました。一時期、兄の篤道が病身であったため、その養子となって「老代役《おとな》」（百姓の長）をつとめたことがありましたが、一八五五年（安政二）再度本家に帰り、家業である薬屋と酒屋をつぎました。篤明は、数え年二四歳で、幡多郡山路村の医師小野亮輔雲了の長女多治（数え年一七歳）と結婚しましたが、彼は一八七二年（明治五）八月一四日、四〇歳で亡くなるまでに六人の子供をもうけました。

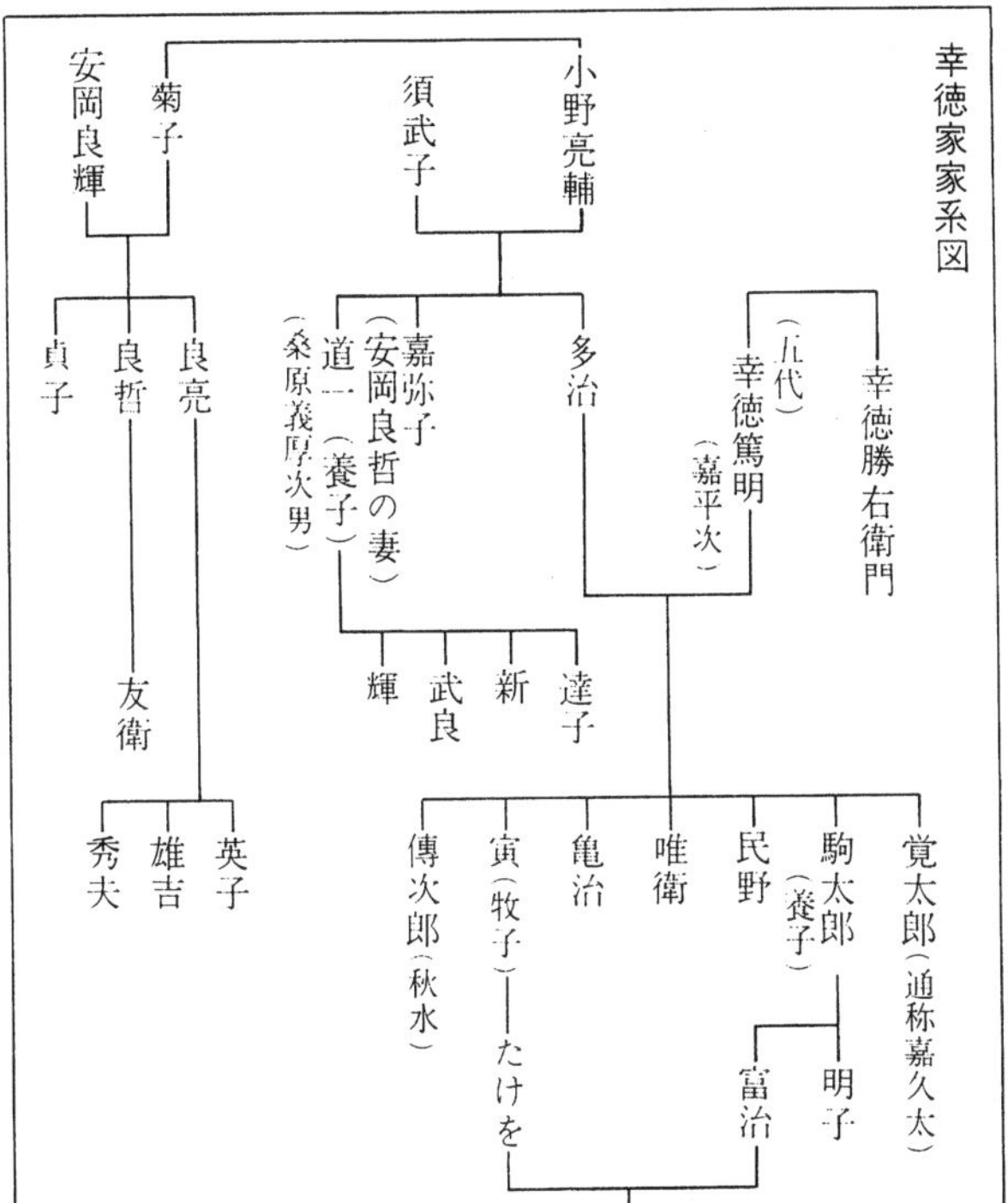

幸徳富治「幸徳家系図約書」・大原慧「幸徳秋水の家系について」を参照。

長男覚太郎（通称嘉久太）は文久二年、五歳で亡くなり、長女民野（万延元年八月五日生）、二女唯衛（元治元年に生まれ、慶応元年に二歳で死亡）、二男亀治（慶応二年四月十七日生）、三女寅（明治元年一二月一七日生、後牧子と改名）、三男傳次郎（明治四年九月二三日生）の六人の同胞の中で、傳次郎は末っ子の、母三二歳のときの子供でした。

傳次郎の生地 中村

土佐二四万石、山《やま》内《のうち》氏の封地は実質ははるかにそれを上まわり、維新の頃には五〇万石にも達したといわれています。

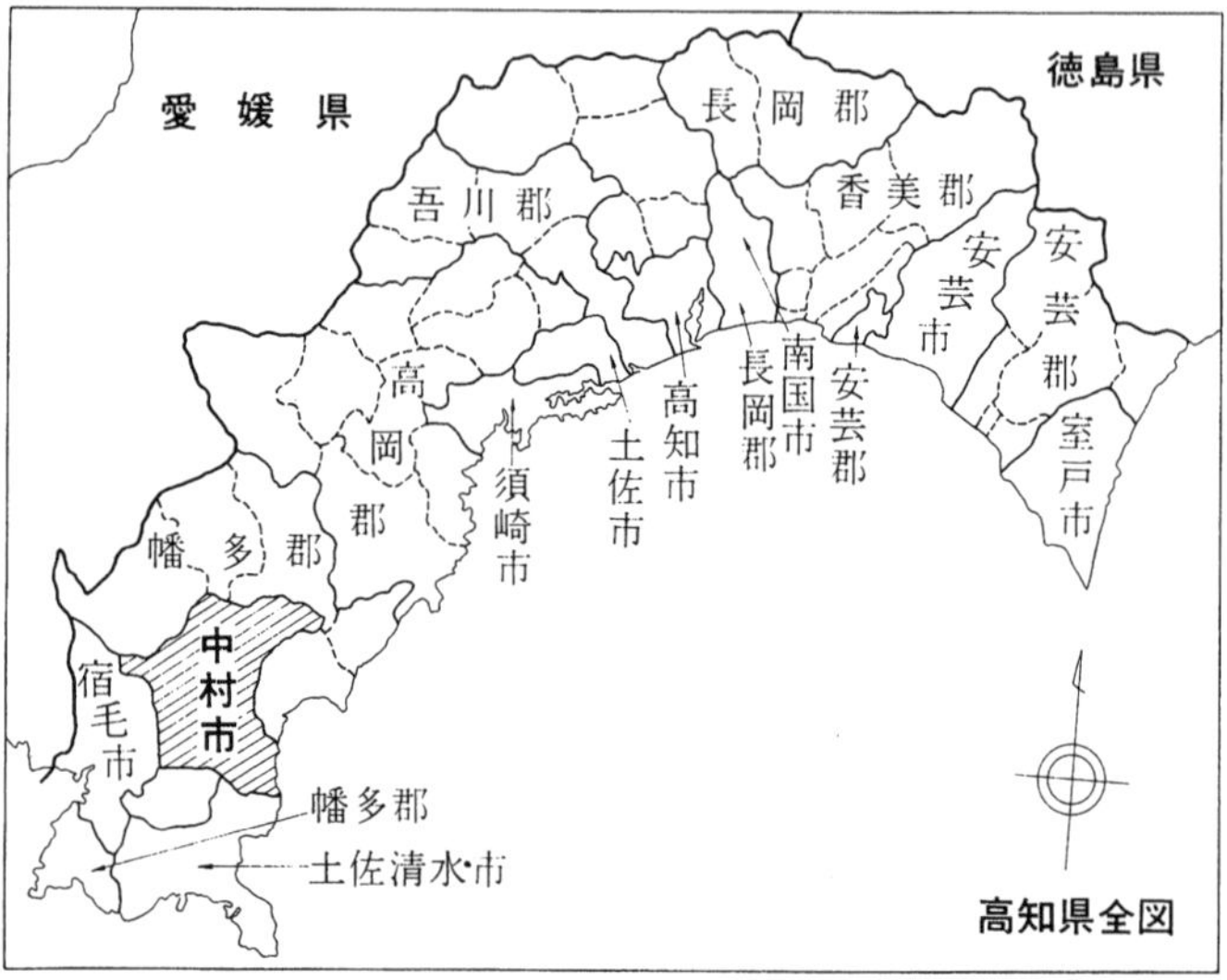

高知県全図

太平洋につき出た海岸線をもち、黒潮の影響をうけて、温暖な気候にめぐまれ、米は二期作、山間部は材木、紙などの生産が豊富で、また鰹《かつお》漁業、捕鯨など多様の漁獲によって全国でも屈指の水産王国であり、海運によって大消費都市大阪とは朝夕往来して、取引がさかんに行なわれました。

幸徳傳次郎の生地である幡多郡は、高知県の西端に位し、東南一帯は海に面し、西は伊予に接し、東北は高岡郡につづいています。

この幡多郡の中央部を、北西の県境から、南東に流れて太平洋に注ぐ四万十《しまんと》川が、その河口にさかのぼる四キロあまりの地点で、後川《うしろがわ》の清流と合するところ、川と川とにはさまれた細長い土地、中村市は面積は三八七・八九平方キロメートル、九、五〇八世帯、人口約四万の田舎町でありますが、県下で最古の歴史をもち、その規模は高知市に次いで県下第二を誇っています。

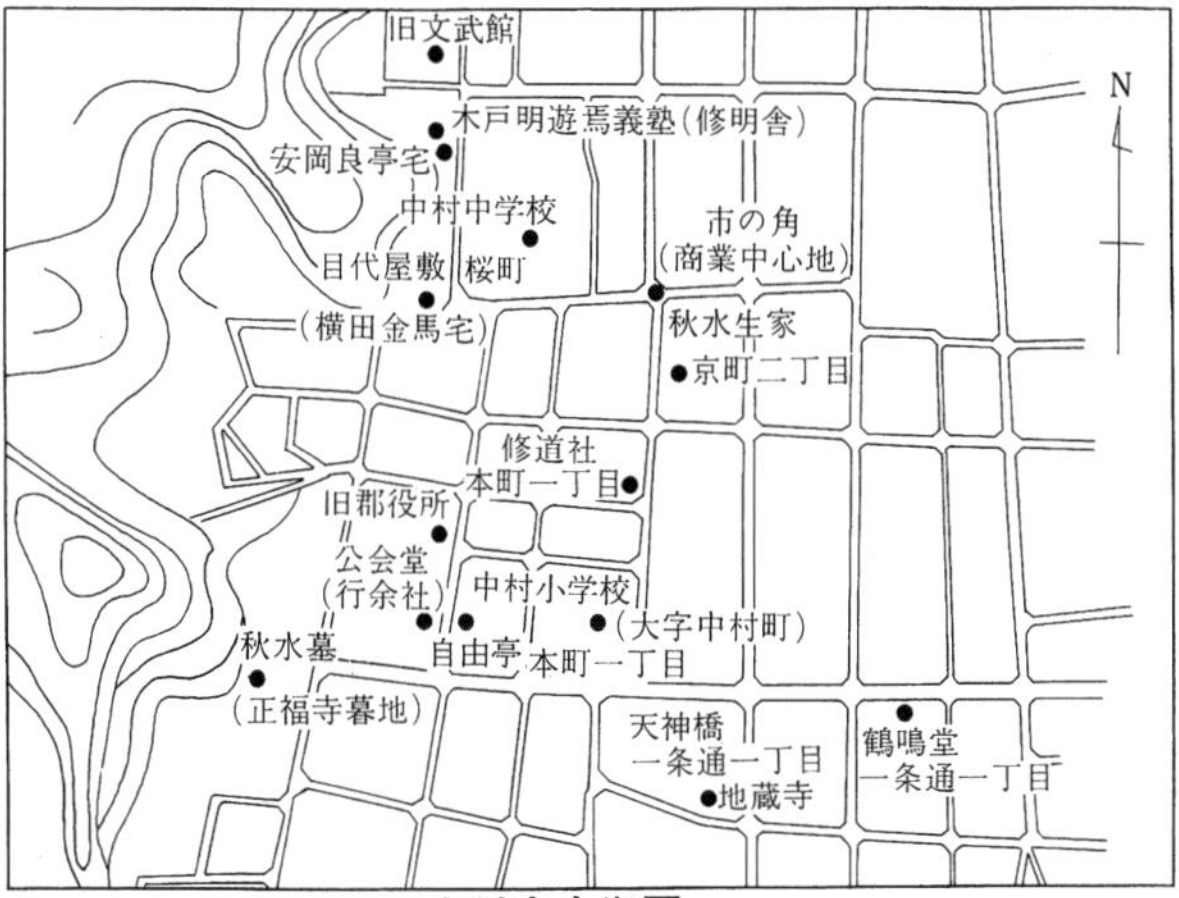

中村市市街図

中村の歴史

この中村が市街地となったのは、今から四八〇年も昔、応仁の乱によって京都が兵火の巷《ちまた》となったとき、前関白《さきのかんぱく》一条教房《のりふさ》が土佐の豪族らに迎えられて、その荘園幡多に下り中村に館《やかた》をおいてからのことであります。

一条氏は、中村の中央、小森山を中心に、京都の内裏《だいり》もどきの城廓を営み、これを御所と呼び、後川を加茂川にたとえ、佐岡、右山を左京、右京にくらべ、佐岡の山脈を東山と称し、石見寺を鬼門の守りである比叡山になぞらえました。

こうした伝統をもつこの町は久しく土佐文化の中心となり、慶長五年九月、関ヶ原合戦の行賞で山内一豊が、長曾我部氏敗退のあとをうけて、この土佐一国を領してからは中村には弟の康豊を封じて支藩としました。いわゆる中村三万石といわれるのがそれであります。その後、この町の歴史には、いろいろと時代の変遷《へんせん》がありましたが、一八六九年（明治二）、土佐藩主山内豊範は、薩摩、長州、肥前の三藩主と共に、全国にさきがけて版籍（人民と戸籍）を朝廷にかえし、七一年（明治四）七月には藩が廃されて、高知県となり、幡多郡は三三区にわかれ、中村は、不破村、大山村、角崎村と共にその第一二区に編入されました。

家道不振と父の死

幸徳家の祖先は、幸徳井（かでい）という京都の公卿で、陰陽師で、後に四国に移住してきたといわれています。家は代々、薬種業と造酒業を営んでいました。

一八七二年（明治五）、傳次郎が二歳のとき、父の篤明が亡くなりました。篤明は、安岡良亮について漢学を学び、相当の学問があった人ですが、明治維新の後、家道不振におちいり、上川口村の村長をつとめていて亡くなりました。享年四〇歳でした。

この篤明が家産を傾けた原因というのは、一族の桑原戒平が伊予の何処かに銅山を手に入れ、その採掘資金を一族の間につのったとき、算盤勘定にうとい篤明は、家産を傾けてその事業に出資して失敗したのだといわれています。

こうして、三三歳の若い身で後家となった多治は、その後、残された一三歳の民野、七歳の亀治、五歳の牧子、死んだ父親の顔もおぼえていない二歳の傳次郎という四人の子供のために、再婚の話もことわって、崇高な犠牲の生涯を送ったのです。

母、多治の人となり

多治は小柄な人で、身体も決して丈夫な方でなく、珍しく郷士《ごうし》の家から町家へ嫁いだのは、土佐の田舎士族の家はなかなか仕事がはげしかったため、金持で仕事の楽な町家をとくに選んで、幸徳家に嫁いだのでした。それが境遇の変転と、押しよせた家運の衰微をもりかえすために、小さな身体で夜となく昼となく働きぬかねばならなくなり、夜も更けるまで機を織り、「幸徳のお多治さんは何時寝るんじゃろう」といわれました。多治は、確かに男まさりのしっかりした婦人でした。

母・多治

病弱な幼児期

後の幸徳夫人、師岡千代子の書き残した『思い出』によりますと、傳次郎は生まれた時からひよわな子供でした。後年、腸に固疾を作って難儀しましたが、幼い時から胃腸が弱くて、いつも腹ばかり下していました。幾歳になっても盥《たらい》におむつが山と積まれるので、「こんな子が育つだろうか」と周囲の人々を苦労させたといいます。

傳次郎はよほど大きくなってからも、戸外に出て遊ぶことは滅多になく、いつも暗い家の中に閉じこもって、ただひとり何か手いたずらをして遊ぶか、絵草紙や錦絵をながめたりして日を送っていました。

この病弱な幼少の日の傳次郎にも、人知れぬ無邪気な楽しみが一つありました。なんでも中村町に寿吉という人が住んでいましたが、ある時この人が傳次郎に馬の絵を描いてくれました。ところが傳次郎はその後、寿吉さんの姿さえ見れば、「寿吉さん、馬の絵を描いてつかせんや」と甘えた調子でうるさくせがむので、しまいには寿吉さんの方が根気負けして、幼い傳次郎の姿を見ると逃げ出したといわれています。

小学校時代

幸徳家の嫡子となる　父篤明の死亡にともなう家運をささえるため、篤明の実兄克作（勝右衛門）、浅子夫妻が、幸徳家の面倒を見ることになり、次男亀治は一八七三年（明治六）五月、亡父（篤明）との約束に従って克作の養子となりました。長男の覚太郎はすでに一〇歳に満たずに亡くなっていましたので、番頭の長尾駒太郎が幸徳家の中継養子に立てられ、三男の傳次郎が幸徳家の嫡子ということになりました。

一族の統率者安岡良亮の死　傳次郎が六歳の年、一八七六年（明治九）には、熊本で神風連の乱があり、幸徳一族の中心であった安岡良亮が当時、熊本県令として傷つき、没しています。安岡は、幸徳の母方の祖父小野亮輔の姉の子にあたり、多治の従兄《いとこ》でした。幼少から遠近鶴鳴に学び、長じて亀井塾に学びました。戊辰戦争の時、幡多の郷士隊谷神兵衛に属して半隊長として従軍、後、東山道先鋒となって甲府にはいり、近藤勇と勝沼に戦ってこれを破りました。維新後、新政府に仕え、弾正台（警察機関）少忠（正六位下）より大忠（正六位上）にす

神風連の乱

すみ、集議院（議政機関）判官、民部（後の内務省）少丞を歴任、明治四年、高崎県参事、次いで度会県参事をへて、明治六年、白川県権令（知事）となり、白川県は後改まって、熊本県となり、良亮は初代の熊本県令（知事）となりました。

熊本県には神風連という保守派の団体があり、太田黒伴雄、加屋霽堅らがこれを率い、敬神排洋（神をうやまい、西洋文化を排斥する）を主張し、その勢力は県下を風靡《ふうび》していました。

明治七年、佐賀の乱が起こると熊本の士族に動揺の兆《きざし》があり、良亮の鎮撫によって漸《ようや》く事なきを得ました。ところが、明治九年、廃刀令が布令されると神風連の一党は激昂して兵を挙げ、一〇月二四日の夜、鎮台司令官を殺し、その余は連隊将校宅や、安岡県令宅をおそい、良亮は床上の銅製花瓶を投げうって防ぎましたがかなわず、斬られて深手を負い、裏畑に倒れ、四日後の二八日についに亡くなりました。年五二歳でした。

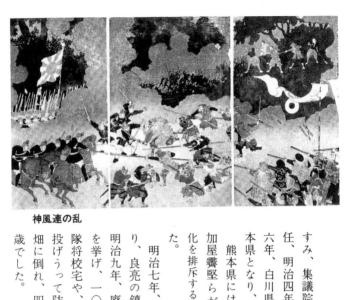

傳次郎は、熊本における安岡良亮の暗殺の知らせが、中村に伝えられた時のことを記憶していました。親類の人たちが往ったり来たりして大騒ぎをしていましたが、母や伯母がひそひそ話しながら泣いていたので、子供心に、理由もなく悲しい思いがしました。しかし、漠然とながら人々の騒ぐ原因を知ってからは、なぜそんな偉い人が殺されねばならないのかが、いつまでも疑問として傳次郎の頭に残りました。

一族の統率者のような位置にあった安岡良亮の死によって、良亮に随って東京や熊本に出ていた人々、安岡の遺族や、小野家、多治の従弟桑原一家などが中村に帰ってきて、傳次郎の身辺が急に賑《にぎや》かになりました。従来の親友「中村町目代」の家柄の横田金馬、小野本家の栄久《ひでひさ》に加えて、新しく一歳下の安岡秀夫、一歳上の桑原順太郎、順太郎の弟の謙次郎、亮吉、小野新（二歳下）等が加わりました。

小学校・漢学塾入学　傳次郎は明治九年一二月、満五年二か月で中村小学校下等第八級に入学、一〇年の五月八日に下等小学第八級を卒業、一一年の一月二九日に第七級卒業、七月二日、第六級卒業、一二月一五日、第三級卒業、一二年の七月五日に、下等小学第二級を卒業、一二月二七日には第一級を卒業しています。

一八七九年（明治一二）、傳次郎は、鶴州木戸明の経営する修明舎という漢学塾に入学し、まず孝経の素読（ただ文字だけを声たてて読む）を授けられました。

この木戸明先生は、通称を駒次郎といい、鶴州と号して、幕末における幡多郡第一の儒者でありました。父は広之助、母は安岡故五郎の姉で、天保五年六月、中村に生まれました。その家は代々、郡内屈指の富豪で吸田屋といい、明の祖父文右衛門（二代目）の代に、家業は二男庄蔵が継ぎ、長男広之助は多くの資産をもって土居（大神宮南隣）に別居し、後、民兵となり、士分に列しました。明は幼少より学問を好み、はじめ常照寺の大雲に、後、遠近鶴鳴について学び、かたわら樋口真吉について剣術を修めました。嘉永四年、一八歳のときに京に上り、巌垣月洲の門にはいり国学と経書を学ぶこと多年、業成って帰国しますと、樋口真吉、安岡良亮等と勤王討幕に活躍し、天下の志士と交わりましたが、とくに江戸の梁川星巌《やながわせいがん》、長州の富永有隣とは親交がありました。海防論のさかんな当時、自宅の奥で、モルチール砲三八門を鋳造したという話も伝えられています。維新後は遊焉堂《ゆうえんどう》をおこしてもっぱら幡多郡の文教、後輩の教育に一身をささげました。

はじめての新聞づくり

そのころ、傳次郎は自作の『兎狐戦記』の物語をつくり、挿画まで自分で描きました。また従兄の安岡秀夫と共に子供らの新聞紙をつくったという話が伝えられています。

新聞紙といっても、それは、半紙か何かに毛筆で丹念に書いたもので、活字にされたものでないことはもちろんの話です。

しかし、安岡秀夫氏の話によりますと、社説もあれば、政治記事も、社会記事ものせられていまして、後年の安岡氏が専門家の眼で見ても、立派な新聞紙の体をなしていたといいます。愉快なのは、その社会面――当時の言葉でいうと三面記事ですが、何月何日何処の誰の家で犬の子が何匹生まれたというような、いかにも子供らしい、すこぶる要領を得た記事でした。

そしてその社説に至っては、これはまた子供が書いたとは思われないほど、理論整然たるものであったといわれています。

自由民権運動の影響

西南戦争と立志社の動き

一八七七年（明治一〇）二月、西南、鹿児島の私学校党は西郷隆盛を擁して、政府問責の兵を挙げ、壮兵一万二千は、別府晋助の前衛隊を先頭に北上を開始、二月二二、三日頃は熊本城の鎮台は早くも彼らの重囲の中で孤立しました。

当時、新政府当局がもっとも憂慮したのは全国の不平士族の動きでしたが、なかでも土佐の民権派立志社の動向にはもっとも注意をはらっていました。

事実、西郷挙兵の報が東京に伝わりますと、板垣退助は自邸に後藤象二郎、林有造、大江卓、竹内綱、岡本健三郎と会合しました。土佐の向背について協議したのです。

立志社内部の急進派林有造、大江卓などは元老院議官の陸奥宗光と気脈を通じ、変乱に乗じて挙兵し、大阪鎮台の虚をついて、これを占領し、要路の大官を暗殺し、天皇を擁し立憲制の新政府を樹立して、国会を開設しようとクーデターを計画しました。一方、片岡健吉を代表として立志社の国会開設要望の建白書が政府に提出されました。しかし、熊本城を攻めていた西郷軍の敗報と共に、一斉検挙がはじまり、立志社員の岩神昂、林有造、片岡健吉、大江卓をはじめ元老院議官の陸奥宗

士族反乱の動き　(1873〜76)

年　月　日	動　き	指導者
1873（明治 6）10.24	征韓論破裂	
12.21 12.22	熊本鎮台内の暴動	
12.23	佐賀征韓党結成	山中　一郎 香月経五郎
1874（明治 7）1.	佐賀憂国党結成	副島　義高
1.14	喰違事件	武市　熊吉
1.16 2.23	佐賀の乱	江藤　新平 副島　種臣
1.	中津の動揺	増田宋太郎
1.	福岡秋月の動揺	磯　　淳 宮崎車之助
3.	萩士族動揺	奥平　居正
8.	福岡・強忍社創立	越智彦四郎
8.	福岡・堅志社創立	箱田　六輔
1876（明治 9）3	警視庁内不穏	
11.24 10.25	神風連	大田黒伴雄
10.27 11. 1	秋月の乱	磯　　淳 宮崎車之助
10.27 11. 8	萩の乱	前原　一誠
10.29	思案橋事件	永岡　久茂
1877（明治10）1.30 9.24	西南戦争	西郷　隆盛 桐野　利秋

後藤靖著「士族反乱の研究」より

光ら数十人がことごとく縛につきました。高知の大獄と呼ばれた事件がそれです。

土佐、中村の動き

当時、土佐古勤王党と呼ばれる幡多郡一帯の不平士族は、立志社の運動とは別個に、直接西郷軍に加担する目的で挙兵計画を立て、軍資金を集め、武器弾薬を貯えて時機を待っていましたが、スパイの潜入によって、未然に計画を探知され、全員は、木戸明の加筆した弁明書を用意して自首して出たため無罪放免になりました。

この事件が落着したあと、七八年（明治一一）九月、挙兵組の宮崎嘉道、矢野川良晴らは、土佐古勤王党を集めて、行全社という政府支持の御用党をつくり、中村に事務所をおきました。これらの人々は結髪党とも呼ばれました。封建の旧思想と共に、昔ながらのチョンマゲをまだ頭に残していたからです。

この中村の行全社の人々は、一八八二年（明治一五）六月、桑原戒八らの修道社と合併して盟同会（後、幡多倶楽部と改称）をつくり、谷干城子爵の組織した国民党を支持し、板垣退助を総理にいただく自由党を、異国かぶれをした、ならず者の集まりで、国体の本義にもとる国賊だというふうに見下していました。

傳次郎の母多治の弟にあたる小野道一なども、谷干城の股肱《ここう》となって活躍しており、そんな関係から、幸徳の親戚一統はほとんどが盟同会に所属していました。

ところが傳次郎は、自由党の後藤象二郎に接近した安岡雄吉が送ってくる『絵入自由新聞』を安岡秀夫の家で読みちらすうち、自由主義の洗礼をうけ、あるとき中村の盟同会で、国民党の懇親会がひらかれている最中、傳次郎は近所の子供仲間を集め、「自由」だの「民権」だのと書いた幾本かの紙旗を押し立てた一隊を指揮して、会場近くで声を限りに「自由党万歳」を叫んだといいます。中に集まっていた壮士は、血相を変えて飛び出してみると、相手は思いがけない子供たちの集まりであったので苦笑してひきさがるよりほかなかったということです。この大人どもをなんとも思わない傳次郎の不敵なつら魂は、後年の、革命家幸徳秋水のおもかげをなんとなく想像させるものがあります。

中村中学の廃校と淡成会時代

一八八一年（明治一四）六月一三日、傳次郎は尋常小学上等第四級を卒業、この夏、中村中学校（高知中学中村分校）に入学しました。こうして、初等中等課程（四年制）の第三学期後期を修了した時、中村中学校が廃校になり、七月三日、本校の高知中学校へ統合、吸収されることになりました。財政難に苦しむ高知県が、教育費の大幅削減を行なった結果でした。

傳次郎の家は、町内でも指折りの商家でしたが、その頃、同族出資の同求社の経営が悪化し、番頭の駒太郎は、山のような負債にせめたてられて四苦八苦のありさまで、傳次郎の希望を入れて、本校の高知中学へ転校させる成算が全く立ちませんでした。

幸徳傳次郎自筆の『年譜』に、

「明治十八年乙酉（十五歳）

中村中学校（高知中学中村分校）廃せらる。生徒多く就学の道を失えり。この冬より、学友、淡成会という結社をなし、学会を地蔵寺といえる無住寺に設く。このころより、酒のみくらう。

十二月　林有造君、宿毛《すくも》より中村に来ることあり。年長の人々に伴《ともな》われて、往いてその宿処を訪問す。初めて天下の名士・豪傑なるものを見たり。淡成会にては、会員の討論・演説と牛肉を食うことのみを仕事とせり。

このころ、『絵入自由新聞』の読者なりきと記す。内閣官制改革、伊藤参議総理大臣」とあります。

今日とは違って、酒の値段の馬鹿に廉《やす》かったその頃には、酒を飲むというよりも浴びるという方が一般の風でありました。人にご馳走するときには酒を強いて強いて「灌酒」させるのが主人の役目になっていました。そうした土地の風習の中で、十五歳前後の少年たちが酒を飲みはじめたとて不思議はありません。傳次郎はじめ淡成会の会員たちは、学習の時間が終わると、屠殺場で牛肉をわけてもらい、どこからか酒を集めてきて、にぎやかなすきやきパーティーをひらいてさかんに気勢をあげました。

酒と一対にされる性的方面のことも、土佐は暖国のせいか一般に早熟でした。三間田の畔の間に一むら茂る社《やしろ》の森陰などに、高く築きたてた東屋めいたものがありました。はしごで上るようにしてあるが、床いっぱいに藁《わら》を堆《うずたか》くもりあげてありました。もとを正せば猪を追いはらう番小屋であったのかもしれませんが、それが村の若衆と娘との社交クラブでありました。「やぐら」と名づけられ若衆の寝に行く所、床一面の藁の中で、彼方の隅でも、こちらの隅でもゴソゴソという天下晴れての社交クラブでした。

そんなわけで、その頃では中流以下の娘で、婚期までに処女であり得ることは稀《まれ》であったというのが、あたりまえの話であったと安岡秀夫は回想記『雲のかげ』の中に記しています。

自由民権運動との出会い

一八八六年（明治一九）一月一八日、傳次郎は、年長の人々と共に宿毛に林有造を訪ね、同氏が上京の途中に、中村に立ち寄るように頼みました。前にも記しましたように、林有造は高知の大獄に連座し、内乱の罪で禁錮一〇年の刑に処せられましたが、一八八四年（明治一七）、刑期の四分の三を終えたところで仮釈放を許され、東京の実兄岩村通俊の家で健康の回復につとめた後、八五年（明治一八）一二月、高知を経て帰郷しましたが、故郷宿毛の人たちからはまるで凱旋将軍のような歓迎をうけたといいます。

傳次郎はこの頃しばしば宿毛に往来し、年長の人たちが高知県会議員の選挙運動に奔走するのを

板垣遭難の図

見聞しました。

幡多郡では、古勤王党系が帝政党を支持し、県会議員の定員六名を独占していましたが、林有造の帰郷に元気を得た宿毛の自由党員は、一月末に行なわれる半数改選の県会議員選挙に、党員の浜田三孝を中村町に送りこんで立候補させました。少年傳次郎までが興奮の渦に倦きこまれたこの選挙戦の結果は、野村信義、高添朝治、弘田仲秋という三人の帝政党員が全員当選し、自由党の浜田三孝は惜しくも次点で敗れました。一月二五日の投票当日には、自由党と関係のある選挙民を、帝政党側がおそってきて、途中で投票用紙をうばいとるなど、悪質な妨害が行なわれました。

県会議員選挙のほとぼりのまださめない早春二月、板垣退助が銃猟のため中村町を訪れ、有志の人たちは彼を迎えて、自由党の壮士小野耕造が建てた名も自由亭という料亭で歓迎の小宴をひらき、一五歳の少年傳次郎も列席しました。

明治一五年岐阜の中教院の懇親会で刺客相原尚褧におそわれ、「板垣死すとも自由は死せず」の一語を放った板垣大先生の存在は、まことに郷党青年の敬慕の的でありました。傳次郎はその席につらなってはじめて世のいわゆる「自由の泰斗」（泰山・北斗の略語、最高の目標として仰がれる人物）を目のあたりに見て感激に胸を高ならせました。板垣は座談的に人民の自由の必要、明君や賢相は人民の進歩に害あること、青年は身体を強壮にすべきことなどを語りました。その席で傳次郎は『板垣大先生を迎える祝辞』を朗読しました。

悩み多い高知遊学

「なんとしてでも高知学校へ入れてやらねば……」と傳次郎の将来を考えた母の多治や、養子の駒太郎が、山なす借財の返済にしばられた苦しい家計の中から学資を調達してくれることになり、傳次郎の高知遊学が保証されました。

二月二二日、傳次郎は下田港から一〇〇トンたらずの小汽船に乗って高知に向かい、木戸明先生の遊焉義塾に寄寓することになりました。

相前後して、傳次郎の従弟にあたる安岡秀夫も義塾にやってきました。秀夫の自叙伝風の随筆『雲のかげ』には傳次郎のことを次のように描いています。

「Ｋ（幸徳のこと）も矢張り此塾に居た。塾には十七八までの学生も交って居たが、一番の俊才と見るべき者は、矢張り此男であった。時々先生の命令で詩会や書会や輪講や歴史に関する討論会が催されたが、何時も抜群の成績を示したのはＫであった。

今でも記憶に残って居るのは、或時の詩会で此男の作った『春雨』の絶句の結句に『閑聴窓外落花声』とあったのが、大に先生に褒《ほ》められたことであった。」

この傳次郎の『春雨』という題詠の詩が、『後のかたみ』の中に残っています。

濛々春雨久難晴　烟繞山腰十里横
午睡覚来無一事　静聞窓外落花声

濛々《もうもう》たり春雨久《しゅんうひさ》しく晴《は》れ難《がた》く　烟りは山腰《さんよう》を繞《めぐ》って十里に横《よこた》わる
午睡覚《ごすいさ》め来《きた》って一事《いちじ》なし　静《しず》かに聞《き》く窓外落花《そうがいらっか》の声《こえ》

その頃の高知市内には、立志社をはじめ、嶽洋社、回天社、有信社、修信社など自由民権の結社はさかんであり、竹刀《しない》やラッパの音がたえず響きわたっていました。子供も大人も隊をつくって、長距離の駈足をするのが結社の日課でした。西南戦役の後、一〇年の日子がすぎていましたが、加波山事件、福島事件、静岡事件、大阪事件などの自由党員の国事犯事件はまだ耳新しい折であったので、今に見ろという気分が、なおこの土地の壮士や少年の間に漲《みなぎ》っていました。

塾の老先生である木戸明先生の教育というのは「修身斉家治国平天下」であり、茶目も鼻たらしも一切合切《いっさいがっさい》、英雄豪傑を心がけさせるようにと説法するのでした。水や空気が青いか白いかなどと討論しているのが老先生の耳にはいりでもすると、いかにも愚劣な末技に没頭しているかのようにひどく叱りつけられたものでありました。

幸徳はしかしこの老先生の教育には全く批判的で、自ら次のように記しています。

「十九の春高知に出るを得て、木戸明先生の設立にかかる遊焉義塾に寄宿せり。先生は余が出高せるを見て大に喜べり。余は概して諸人に愛せられたりし。されども塾生の中には一人の親密の交をなすべきものなし。皆悪あがきばかりをなす餓鬼《がき》のみなりき。余は親友なる朋友――予が益友として交はれるは皆外宿したり。同塾の教育は極々《ごくごく》の干渉主義にして、少年の元気を阻喪せしむるをつとめ、一日に一時間の外外出を禁じ、且つ室内の汚濊《おわい》なる、食物の粗悪なる、一言すれば一個の囚徒に過ぎざりしなり。新聞紙野乗《やじょう》（在野の人が編した歴史）の如きは塾内に入るるを厳禁したり。蓋し先生は維新前後国家に功労ありし人にて、見識も高く思想も豊富なりし人なれ共、久敷《ひさしく》郷里の山間に隠避して、絶えて世間の何物たるを知らざる如く老耄《ろうぼう》し、先生の眼中に一個の支那古代史の存せるのみなりし。

されど先生は郷里の先輩なるが故に多数の人に推戴せられ、家計甚だ困難せるを救はんが為該塾の設立を周旋したるなり。」（『後のかたみ』）

こうして、傳次郎は一個の囚奴となるのに堪えられず、この束縛からの脱出をしばしば企てましたが、いつも親族や家属のためにおしとめられて目的をはたすことができず、フランスのガンベッタ氏が幼時父にせまって、ある人の干渉を脱するため一眼をくりぬいたという悲痛な心事を思い至って心から共感したということです。

発病・落第・上京

四月の末、遊焉義塾は、高知市鷹匠町に移転しましたが、この頃、幸徳は肋膜炎に罹《かか》り、五月八日、同市東町自然堂病院に入院しました。

母は、兄の亀治と一緒に出て来て看護にあたりましたが、一時は重態でほとんど死に瀕《ひん》しました。八月になってすこし快方に向かいましたので、一旦郷里中村に帰りました。ところが八月二〇日の午後七時頃から東北の暴風雨となり、翌二一日に至ってますます猛烈を加え、市中はすべて浸水し、幸徳一家は山上の天神社内に遁れて難を避けました。

さて、水禍に見舞われたこの年も暮れて、翌一八八七年（明治二〇）の春、一月、傳次郎は再び高知におもむいて木戸塾に戻り、次いで中学校に通学するのですが、半年余の病床生活のため学業がおくれ、同学の生徒に追いつけず、ついに六月に行なわれた進級試験に落第してしまいました。六歳で小学校に入学してから、飛び級で進学したことはあっても、落第の経験は一度もなかった傳次郎にとっては、この落第はよほど大きなショックでした。知己や友人にたいしても面目ない思いで、たまたま同郷の学生が続々と上京するのを見て、自分に学資のないのもかまわず、東上を決意しました。八月一七日、高知に行くとつげて家を出た彼の目指すところは東京でしたが、懐中には五十銭の金があっただけでした。高知で、家蔵の『史記』や『唐宋八大家文』などを売りはらって四円五、六十銭を得ました。九月七日、午前八時汽船出雲丸に乗船して高知を出発、八日午前二時神戸着、ここで欧州航路の長門丸に乗りかえ、九日夕横浜着、同船して知り合いになった書生に伴《ともな》われ午後八時、生まれてはじめて東京の土を踏み錦町の高知屋に投宿しました。
傳次郎は、縁故をたどって自由党の名士、林有造の書生として小石川丸山町にある実兄岩村通俊（北海道長官）の別荘に住みこむことになり、かたわら自由党の林包明《かねあき》のいとなむ神田猿楽町の英学館に通学し、英語の勉強をはじめることになりました。

保安条例により東京を退去

その頃の東京では、外相井上馨の条約改正の秘密交渉がいろいろ物議を招き、内閣法律顧問のフランス人ボアソナードの政府に出した意見書や、農商務大臣の谷干城の意見書、自由民権派の板垣退助の意見書などが秘密裡に印刷されて全国に流布され、青年、学生の愛国の血をわきたたせていました。

こうした時、高知県からは片岡健吉をはじめ代表団が隊伍を組んで上京し、中江兆民が執筆したという「言論の自由・地租軽減・外交の挽回《ばんかい》」の三大要求を叫んだ建白書を元老院に提出しました。日に月に帝都は物騒な気配にみち、さしもの専制政府の命脈もまさに風前の灯のようにゆらぐかと見えました。

この年の暮も押しつまった一二月二五日、政府は突如として保安条例なるものを発布して即日施行しました。この条例は、秘密の集会・結社を禁じ、屋外集会を制限し、新聞紙の検閲を義務づけ、旅人の出入を検査するほか、皇居から三里以内の地にいるもので、「内乱を陰謀しまた治安を妨害するおそれあると認むるとき」は、退去を命じ、三年間は皇居から三里以内の地に出入したり住んだりしてはならぬという問題の一条が挿入されていました。

一二月二六日の夜、警視総監の三島通庸《みしまみちつね》は府下の各警察署員を芝公園の弥生社に招き、忘年会と称して酒をふるまい、意気のあがったところで、急に動員の号令をかけ、条例の実施に着手しました。三島は、このさい、もし反抗する壮士がいたら斬りすててもかまわんと部下を鞭撻《べんたつ》しました。

こうして自由民権派の政客五七〇名が追放されましたが、この追放組にはとくに高知県人の多いことが目だちました。

林有造、中島信行、島本仲道、片岡健吉、山本与彦、宮地茂春、竹内綱、中江篤介、吉田正春、坂崎斌、安藤清秀、横山又吉、和田稲積、柿目馬太郎、林包明、西山志澄など皆、高知県出身でした。

本籍が高知県であったばかりに、在京のかつおぶし商や紙商までが追放令のとばっちりをくいました。

むろん、林有造の書生をしていた一七歳の少年幸徳傳次郎もまた令状を執行され、当時はまだ東海道線開通以前のことですから、徒歩で東海道を西下、雪の箱根をこえ、途中、飢えと寒さとに苦しめられながら、二一年の新年を三州の豊橋に迎え、一月一五日に中村町に帰郷しました。

懊悩《おうのう》する傳次郎

せっかく根をおろしかけた東京の生活から、暴力的に追放され、郷里につれ戻された傳次郎は、終日、奥書院の自室に閉じこもって深刻な挫折感、絶望感にさいなまれていました。

撫剣辞鳳闕　抛書帰故郷
女児多楽事　春日為花狂

剣《けん》を撫《ぶ》して鳳闕《ほうけつ》（宮城の門、転じて帝都のこと）を辞《じ》し　書をなげうって故郷に帰る
女児《じょじ》は楽しむこと多くして　春日《しゅんじつ》花のために狂《くる》う

という詩はこの時の実感を詠じたものでした。

傳次郎が独りで懊悩している時、親戚（伯父篤道の一家）の人たちは、彼が去年脱走した時の無礼を責め、将来の目的も定まらないことを叱りましたが、さすがに母の多治だけは、「お父さんが存命なれば、他人に気がねなく勉強できたろうに……」とグチをこぼしながらも傳次郎に味方しました。

放浪の旅から大　阪　へ

たまらない気持で傳次郎は六月二四日にまた家を飛び出しました。運を天にまかせた放浪の旅でした。有岡から宿毛を経て宇和島に出て、旧藩校敬志館の助教をしていた酒枝義員と意気投合し、各地を遍歴しながら政談演説の巡業をやりました。さらに九州に

渡り、長崎から上海へ渡航を企てましたが失敗に終わり、再び宇和島に戻り、七月から同地の高木行正の家に寄食し、高木の紹介で法円寺の一室に寓居して、寺にある仏典を読んでわずかにその知識欲を満たしていました。

この年の一〇月一日、保安条例によって退去を命じられていた高知県人上田駟馬ら二九名の退去が解除され、そのうちの一人である幸徳も上京勝手次第ということになり、一応中村町に帰りました。しかし、上京するにしても学資を出してくれる人のあてがなく、いろいろ思い悩んだ末、大阪にいる幼友だちの横田金馬に万事を相談しようと再び東上しました。

横田金馬はその頃、角藤定憲と壮士芝居の旗挙げに奔走していました。傳次郎はこの横田の紹介で、曽根崎村に住む兆民中江篤介の学僕に住みこむことになりました。

横田や角藤の壮士芝居の旗挙げは、明治二一年一二月三日、西区新町の高島座ですばらしい人気の中に開場しましたが、自由党大阪事件をモデルにした「勤王美談上野曙」（三幕）の脚本は、幸徳秋水が横田に頼まれて書いたものだといわれています。

第二章　中江兆民の門下として

兆民を継ぐもの

兆民の思想的継承者

堺利彦は『兆民編集』の序文の中で、「日本に於けるルソウの思想的継承者は兆民先生である。兆民先生の思想的継承者は幸徳秋水である。」といい、また、「然し、秋水は兆民先生の思想をそのまま継承した者ではなかった。彼は先生の思想を発展させて、社会主義にまで到達させたのであった。然し其の発展は自然の道程であった。従って猶それを継承と目することが出来る。」とも書いています。

兆民先生と秋水との関係は、こうした思想上の問題だけにとどまらず、秋水の私的生活をふりかえってみても、いちばん心を打たれるのは、その師兆民との間の美しい信頼と親愛の情であります。兆民が秋水を愛したことは、兆民が最後の病床についた時、なにくれとなく秋水に遺嘱《いしょく》するところが多かったこと、また秋水が恩師を扶《たす》けて『一年有半』という生前の遺稿を脱稿させるなど師弟の間にかわされたなみなみならぬ交誼《こうぎ》を見てもよくこれを察することができます。

また兆民先生は、経史に通じ、詩文にもすぐれた明治第一流の文章家であり、兆民先生に愛された秋水が、その面でうけた影響もはなはだ大きいと思われます。兆民先生が文章家として後に如何に秋水を認めていたかは、「自由党を祭る文」を秋水に起草するようすすめた兆民の手紙を読んでも、兆民の秋水の文章にたいする期待のほどがうかがわれます。

中江兆民と『民約訳解』

兆民中江篤介は、一八四七年（弘化四）一〇月一〇日、秋水と同県の高知市外新町に足軽の子として生まれました。一四歳で父為七と死別し、以後、母柳の手で育てられました。一九歳の一八六五年（慶応元）に藩の留学生となって長崎に送られ、平井義十郎についてフランス語を学びました。六七年（慶応三）東上して村上英俊の仏学塾に入門しましたが、放《ほう》蕩《とう》三《ざん》昧《まい》のために村上から破門されました。幕末維新にさいしては、フランス公使レオン＝ロッシュおよび領事レックの通訳として京阪の間に活躍しました。

中江兆民

一八七一年（明治四）、板垣、後藤、大久保の推《すい》薦《せん》で司法省の留学生としてフランスに留学し、当時の急進思想家であるエミール＝アコラスについて、ルソーやモンテスキューを学び、民主主義の思想を体得したといわれています。帰朝後、元老院につとめましたが、幹事の陸奥宗光と喧嘩をして元老院をやめ、以後、仏学塾をひらいて子弟を教育していました。

フランス帰りの、同窓の、西園寺公望をたすけて『東洋自由新

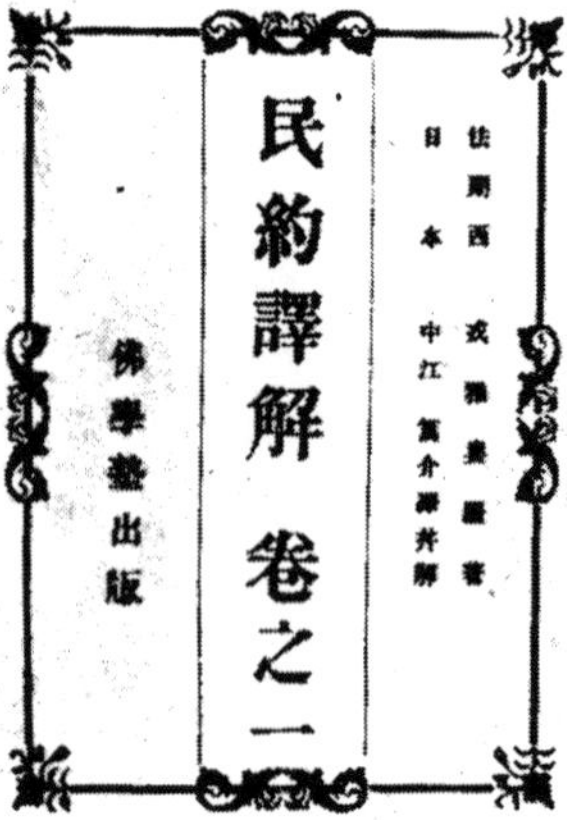

『民約訳解』の表紙

聞』の論説を書いたり、『政理叢談』という学術雑誌を仏学塾から出版したりしましたが、なんといっても兆民が有名になったのは、一八八二年（明治一五）に、ジャン＝ジャック＝ルソーのコントラ－ソシアルを『民約訳解』と題して漢訳したことです。

主権者はつねに人民であり、政府は主権者である人民によって法の執行権をゆだねられたものにすぎない。もしこの政府が人民の一般意志にもとるときは、主権者である人民は政府を顛覆《てんぷく》し、国家を改造することは当然の権利として認められねばならないというのが、この『民約論』の骨子ですが、この本は自由民権運動のバイブルとして当時の青年にもてはやされ、後年、秋水も兆民のもとで親しくこの革命的民主主義を教えられました。

兆民、大阪へ

一八八七年（明治二〇）の保安条例で、反政府派の政客五七〇名が帝都から追放された時、兆民もまたその追放組の一人となり、母を背負って箱根を越え、一二月に住居を大阪に移しました。兆民は東京を離れるにさいし、友人の末広鉄腸にこういう意味の手紙を書き残して行きました。

「末広君。全く恥しい。こんど一山四文《ひとやまよんもん》の連中に入れられたよ。満二カ年間東京にいられなくなったので、ひとまず大阪に退去する。ここに至らせた自由平等の主義も尊ぶべきだが、明治政府の仁慈もありがたいものだ。急なことでお目にかかれない。

即日　　　　　　　　　　　　　　　　　　　　　　篤介生

鉄腸君蒲団下

渭北江東《いほくこうとう》あいへだたるも、霊犀相通《れいさいあいつう》ずだ、国のため、民のため自重してくれたまえ。」（原文は文語体）

八八年（明治二一）一月一五日、兆民は大阪で、同志と共に『東雲新聞《しののめしんぶん》』を創刊して自ら主筆となりました。兆民の文章はこの時においてまさに天をつく勢いがあったといわれています。

憲法発布と兆民

政府攻撃の舞台　大　阪

兆民は大阪へ来て、梅田停車場の近く、西成郡曽根崎村に四間の小さい家を借りて住みました。その時の家族は、老母柳と妻弥子《いよこ》、その年の三月四日に生まれた長女千美、弟虎馬の遺児猿吉（女の子）の四人で、その年の一一月には、土佐の中村から出て来た幸徳傳次郎が、同郷の友人横田金馬の紹介で学僕として住みこみました。外に女中が一人いましたが、書生はいつも二、三人ないし四、五人がせまい玄関にごろごろしていました。

兆民の収入はといえば、東雲新聞社からもらう月給が五〇余円あるだけ、しかも来客は昼夜ひきもきらずで、政客来り、商人来り、壮士来り、書生来り、飲む者、議論をぶつもの、原稿を頼むもの、金の無心を乞うものなどあとを絶たないというありさまでした。

当時の大阪は、ちょうど保安条例発布のあとでしたので、東京から野党系の有名人が一時一掃されたのと同時に、大阪はたちまち日本の政界の中心となり、幾多の志士論客の言論、集会、出版その他の運動のための唯一の舞台となっていました。そこには土佐人による『浪華新聞』がありましたが、兆民はそのあとを継ぎ、栗原亮一、江口三省、寺田寛、宮崎富要らの助けを得て、自ら主筆となって『東雲《しののめ》新聞』を創刊し、一八八八年（明治二一）一月一五日に第一号を出しました。

そのほか、大阪には末広重恭、森本駿の拠る『関西日報』や、織田純一、西村時彦らの『大阪公論』、柴四郎、竹内正志の『大阪毎日』、池辺吉太郎の『経世評論』などがあって、いずれも筆を揃《そろ》えて政府を攻撃し、その勢いは、なかなかあなどりがたいものがありました。

その頃の兆民の日常はまっ赤なトルコ帽をかぶり、東雲新聞の印半纏《しるしばんてん》に、腹《はら》がけ、紺股引《こんももひき》という、全く大工、左官のような恰好《かっこう》で演壇に立って、自由民権を説いてまわったといわれ、また腰に「火の用心」と書いた革のタバコ入れをさげ、「日本国民火の用心」と叫んで時事を痛論したと伝えられています。

帝国憲法の発布と兆民

一八八九年（明治二二）二月一一日の紀元節の日に大日本帝国憲法が発布されました。官民をあげての一大祝典に大阪の町々は大騒ぎをしていました。しかし、滑稽《こっけい》なことに誰も憲法の内容を知りません。兆民先生は「いったいお上から賜わった欽定憲法とは何か、玉か、瓦か、まだその実体も見きわめないで、万歳万歳とは何ごとだ。わが国民の馬鹿さかげんにも恐れいる」と書生の幸徳を相手になげいていました。やがてとどけられた新聞号外の帝国憲法の全文にざっと目を通しましたが、ただ苦笑するのみであったといいます。

とに角、兆民はこの欽定憲法には大不満でした。グナイストやシュタインのようなプロシアの反

憲法発布を喜ぶ民衆

動学者の指導をうけ、天皇主義者の岩倉具視の「大綱領」を基準とし、ルードルフ＝テツヒョウ、ロエスレルなどのプロシアのお傭い教師を起草者の顧問として、伊藤内閣が完成させたこの万古不易の聖典は、世界中でもっとも天皇の権力の強大な、したがって人民の権利のもっとも犠牲にされた憲法でありました。そして、民約論の訳者であり、共和政治のフランスで本場の民主主義を学んできた兆民にとっては、これこそはまことに失笑ものの憲法発布でした。兆民はその著書『三酔人経綸問答』の中で、こんなふうに書いています。

世のいわゆる民権というものに二種あります。英仏の民権は回復的民権ともいうべきもので、人民が下から進んでたたかい取った民権であります。世にまた恩賜的民権とも称すべきものがあり、これはお上から恵んで与えられたものです。兆民のいうところは、この「恩賜的民権」を変じて「進取的民権」とするためにはまず専制政府（薩長独裁の藩閥政府）をうち倒さねばならぬというのが骨子でした。

兆民の意見はこうでした。

いったい我々人民は、こんどの恩賜の憲法で何を与えられたのでしょうか、議会にどんな権能がありますか、内閣は議会にたいして何の責任ももたないではありませんか、上院は下院と同一の権能をもっています。内閣はつねに政党以外に超然としている存在ではありませんか。宣戦も講和も人民のあずかり知るところでなく、予算協算の権は上院にその半ばをうばわれています。このような議会は全く民権伸張の場とすることはできません。それればかりではない、政府の奴隷であり、内閣の爪牙《そうが》であり、さきざきの腐敗堕落は目に見えています。我々は何としてもこのような憲法の改正をまじめに考えねばならない――これが兆民の主張であったのです。

兆民はこの自分の考えを在野の政友に切言し、もし今日において憲法を改正しなければ他日必ず臍《ほぞ》をかむような悔《く》いを残すと強調しました。(『兆民先生行状記』)

再び東京へ

兆民にとっては不満足だらけの憲法発布でしたが、しかし、憲法発布にあたって、政府は大赦令を発布し、憲政創立の目的のために罰せられた政治犯はいっせいに大赦、復権しました。保安条例で追放されていた兆民もやっと自由の身になりましたので、兆民は活動の舞台を再び東京に移すことになり、それにともなって家族たちも移動することになりました。一八八九年(明治二二)十月五日、幸徳は、中江夫人弥子、長男丑吉、長女千美に従って海路東京に向かいました。

現在の石切橋付近

六日の午后東京に着き、麹町隼町に仮寓しましたが、その後、一〇月一一日、表神保町、一一月二四日に小石川柳町へと転居し、二三年の末ごろには小石川武島町に落ち着きました。江戸川の北岸に近い、石切橋から大曲あたりまで川と併行した東西に細長い町で、北隣りが水道端町、中江邸はこの町の西端の方で、石切橋から近い道に西向きに接していました。

兆民　衆議院議員となる

九〇年（明治二三）、第一回の衆議院の総選挙には、兆民は大阪の第四区（東成・西成・住吉三郡）から立候補し、一銭の選挙運動費も使うことなく、一三五二票を獲得して当選しました。当時、被選挙資格は直接国税一五円以上を納めるものとなっており、兆民にはその資格がなかったのですが、区民が登記変更を行なって彼の資格をつくったのだといいます。とくに渡辺村の部落民の支援が力があったともいわれています。

この選挙では、定員三〇〇名にたいして、旧自由民権派（旧自由党各派と改進党）で、一七一名の多数を占めました。旧自由党系の諸派は合同して立憲自由党を結成しました。兆民はこれと改進党を結ぶ反政府統一戦線の結成に力をつくしました。

ところが兆民の要求である「憲法点閲」問題は議題にも採りあげられず、それどころか同志たちによって、これは危険な意見であると賛成を得られません。

それでも兆民はまだ議会制度に多大の期待をよせていたと見え、日日竹の皮に握り飯をつつんで熱心に登院しました。

議会に愛想をつかす

立憲自由党を主力とし改進党をも加えた民党は、「民力休養」（地租軽減）、「政費節減」を旗印しとして、政府提出の軍備拡張予算にたいし、その一割を削減しようと抵抗をつづけていました。ところが立憲自由党所属の土佐派の議員二六名が、逓相後藤象二郎、農相陸奥宗光によって買収されて、裏切ったため、民党と政府の妥協が成立して、予算案は無事通過、政府側は辛勝しました。

この裏切りの土佐派議員の中には、自由民権運動の先覚者として有名な林有造、片岡謙吉、大江卓、竹内綱、植木枝盛などがいました。これらの実状を見て憤激した兆民は、『立憲自由新聞』の紙上に「無血虫の陳列場」という文章をのせて、裏切者をさんざん罵倒した上、妥協予算案成立の表決にも加わらず、議長に辞表を提出しました。その文章がふるっています。

「小生近日、アルコール中毒相発し、行歩の艱難《かんなん》、何分採択の数に列《れつ》し難《がた》く、よって辞職仕り候、この段御届《おとどけ》に及《およ》び候也」

というのです。

議長の中島信行は極力辞職を思いとどまらせようと努力し、在京の選挙区民もまたこれを諫止《かんし》しようとしましたが、兆民は承知せず、この事件以後、彼は全く議会に愛想をつかし再び立候補しようとはしませんでした。

この頃、幸徳は健康を害して、郷里中村に帰っていましたが、この事件は青年傳次郎にとっても大きなショックでありました、なぜなら、つねづね幸徳が抱きつづけてきた治国平天下の理想を実現させるべき日本の政界のこうした醜い一面を見るにつけても日本の政治に幻滅を感じないわけにはいかなかったからです。後に彼が議会政策の否定者になった遠因はここにあるのかもわかりません。

北海道へ

一八九一年（明治二四）二月、代議士をやめた兆民は、その年の三月一日から半月刊誌『自由平等経綸』を発行してその主筆となり、一面では従来関係した『立憲自由新聞』と、それを改題した『民権新聞』とに拠《よ》って、さかんに政府ならびに吏党（与党のこと、兆民の造語）を攻撃し、民党である自由、改進両党の提携を強調しました。しかしこの年の七月二一日には、北海道小樽の『北門新報』の主筆に招かれて、「もはや腐敗堕落した政界に奔走するのもイヤになったから、北海の新天地を開拓するつもりだ」といって東京を去りました。

九二年（明治二五）一月一七日には、生涯孝養をつくした兆民の母、柳が東京で亡くなりました。兆民はそれをみとるために年末から上京していましたが、その後、再び北海道に帰り、その八月には『北門新報』を退社して札幌に出ました。

実業界に進出してみごとに失敗

兆民は自由党の政客が、その生活の貧しいことから政府の買収によって懐柔され、主義節操を売らねばならなくなる実状を見て、つくづく考えさせられました。これでは、操守正しい政治家になるためには、自ら金を儲《もう》けて政治資金をつくり、これを利用するのでなければ不可能であると思いました。

そこで自ら実業界に進出して成功しようと考え、『北門新報』を退社してからは、札幌に転居し、まず紙商をいとなみ、次いで北海道山林組の看板をかかげて、山林事業に手を出しましたが、いずれもみごとに失敗しました。

その後、東京に帰って、毛武鉄道、川越鉄道、常野鉄道などに関係し、また京都パノラマ、中央清潔会社に手をつけましたが、これまた一つとして成功したものはありません。群馬に娼楼を設けようとしたのもおそらくこの頃のことであったでしょう。

兆民の唯物論と秋水

療養

一八九〇年（明治二三）六月に健康を害して一時、千葉に転地療養をしていましたが、はかばかしくないので結局郷里中村に帰っていた幸徳は、翌年には満二〇歳の適齢期を迎え、徴兵検査をうけましたが、虚弱体質のため不合格となりました。

九一年（明治二四）の四月末にみたび上京して小石川武島町の中江家の書生部屋に戻りましたが、六月にはまた病気がぶりかえし小石川の心光寺に転居して静養につとめました。と同時に、神田駿河台にある磯部弥一郎の国民英学会に通学をはじめました。

七月には母多治の弟で、金沢の郵便局長になった小野道一が東京牛込の神楽坂に引っ越してきましたので、幸徳はその家に寄宿して親戚の監督をうけることになりましたが、その頃の幸徳は田舎源氏のような軟文学を耽読したり、紅燈にさそわれて吉原遊廓に出入りしたりしました。

兆民と共に

九三年（明治二六）三月一日、幸徳は、兆民夫妻に呼び戻されて、また中江家の玄関にすわりました。書生は何人も入れかわりましたが幸徳ほど信用された青年はほかにありませんでした。

　ところでこの明治二六年から二七、八年にかけて、衣服はすべて質に入れ、蔵書はすべて売りつくした中江家はさんたんたる大飢饉の状態を現出していました。

兆民は杯をかたむけながら、かたわらの幸徳にいいました。

「大飢饉なるかな！　あけてもくれても、豆腐のおからと菜っぱのしたしばかりじゃ……」

　しかし、酒がまわってくると、気も大きくなり、

「今に大金持になって、新聞をおこす、政界にも縦横に雄飛する、お前をつれて欧米旅行に出かける……」

などと怪気炎をあげます。

　明治二六年の四月ごろのことを幸徳が記録した『兆民先生行状記』には、次のようなくだりがあります。

　ある朝、幸徳が先生に呼ばれていってみると、先生は「これだこれだ」と首にかけていた金時計をさし出し、「またも狂ったから直しにやろう、どうも度々くるうのには困るなあ」と笑われました。

　幸徳も察して時計をうけとりながら奥さんの方をかえりみますと、手には質屋の通帳をもたれて、「先だっては十九円でしたが、二十円にして、なるべく五円でも多い方がいいのですよ」と念を押

されました。

幸徳はさっそく質屋へ行って、はげしい談判を試みましたが、二十円より以上は貸さないのでそのままうけとってもちかえると、先生がいわれるのに、「以前は鎖りもあったが、とうとう死刑に処せられた。時計だけはたびたびだが禁錮ですむのはまだしもだよ」と。だがこの金も焼石に水で、その日の夕方にはもはや一厘も残らないというありさまでした。

秋水と号す

兆民は自分がいかに世渡りが下手であるかを自らよく知っていました。酒間、幸徳をかえりみてこんなことをいいました。

「君は今朝やってきた高利貸を見たろう。ぐずぐずしていてすこしも要領を得ない。追っても去らぬ、まるで五月のハエじや。あれが油断ならぬ……あの不得要領で奴はあれだけの財をなしよったのじや、処世の秘訣は朦朧《もうろう》たるにある、だいたい尊公のごときは余りにも義理明白にすぎる。よろしく春靄《しゅんあい》とでも号してもすこしぼんやりしてはどうか。」

そこで幸徳が、「残念ながら私は朦朧が大きらいなたちです。なんとか別の号をつけてください」といいますと、兆民はますます笑って、「それでは秋水の二字を用いてはどうだ。これはまさに春靄の正反対である。わしも若い時にこの号を用いたよ。」

これから幸徳は中江の命名に従って秋水という号を用いるようになりました。

兆民の唯物論

ある夏の宵、縁側に坐って兆民は幸徳に、人間の霊魂について次のように語りました。

「肉体と精神をはなればなれに解釈するのは自分は納得いかない。ヒショロヂーとサイコロジーは到底はなすことができない。精神の健全であり活発であるかどうかは、必ずその肉体が健全活発であるかどうかと関係がある、一部の間の不消化は必ず脳髄の不快をきたす、自分は以前より信じて疑はぬ、霊魂は火であり、肉体は薪である、薪がつきれば火は消える、これと同じである。肉体を外にして霊魂のあるべき筈がない、自分は頑固な唯物論者《マチアリスト》である。」

後に、『社会主義神髄』を著わし、『基督抹殺論』を著わした幸徳の唯物論的世界観はこうした兆民の影響のもとに形成されていったのです。

第三章　新聞記者時代

——自由党左派から社会主義へ

『自由新聞』にはいる

兆民の玄関番より『自由新聞』記者へ

幸徳秋水が中江兆民先生の玄関番より一躍して板垣退助の主宰する『自由新聞』の記者となったのは彼が二三歳の時、一八九三年（明治二六）の九月のことでした。

兆民は日常、幸徳に向かって「お前は文学的な人間でとても官途にむく男ではない」と訓戒をたれていましたが、幸徳自身も従弟の安岡秀夫と将来いずれの方向に進むべきかについて相談しあったさい、「医者はきらい、役人になって上役に迎合することは到底できない。商人はもちろん性にあわぬ。なるものがない。新聞記者ならばいわんと欲することをいい、正しいと思うことをやれ、人に頭を抑えられずに天下を濶歩《かつぽ》し得る無冠の帝王である」と考え、二人ともこれに限るということになりました。それでついに一生の目的を定め、安岡秀夫は福沢諭吉の主宰する『時事新報』に、幸徳は板垣退助の主宰する『自由新聞』にと揃って新聞社入りを決定しました。

『自由新聞』は銀座の南金六町にあり、板垣退助が直接に主宰していて、毎日、新聞社に出社しました。そのほか、宮崎晴瀾、野口寧斎、栗原亮一、奥野市次郎などという先輩がいました。

幸徳が入社した時は、月給六円、毎日、ルーター電報を翻訳するのが彼の仕事でした。その当時はまだ府下の新聞で直接、外国電報をとっている社はなく、皆、横浜のメールやガゼットなどから転載するのがつねでした。国民英学会でマコーレーやヂッケンスやカアライルなどを読んだのとはまるで勝手が違うので、はじめは大いに面喰《めんくら》いました。そして僅《わず》か三行か四行ずつの電報に、毎日毎日四苦八苦の思いをして訳しましたが、翌朝他社の新聞とくらべてみるとむろん誤訳だらけです。面目ないやら苦しいやらで泣き出したくなったことも屢々《しばしば》ありました。しかし、社では別に誤訳を責めもしなければ、放逐もしませんでした。

当時の新聞一覧（東京）

東京朝日新聞	報知新聞	吾妻新聞
毎日新聞	東京新聞	民権新聞
東京絵入新聞	東洋新報	時事新聞
改進新聞	中央新聞	自由新聞
やまと新聞	中外商業	
都新聞	国民新聞	
読売新聞	朝陽新聞	
日本新聞	朝野新聞	

小泉三申との交情

この社の同僚として三申小泉策太郎と幸徳との交情がはじまり、この関係はその後幸徳が刑死するまでつづきました。その頃、幸徳も小泉も月給七円、事実それくらいの薄給では物価の廉《やす》かった当時とても生活が立ちません。下宿料だけでも六円はかかります。あと一円位しか残りません。それをどうやりくりしたものか、二人で牛肉屋で飲むやら、鳥森の地獄屋（私娼窟）に泊まりに行くというようなことですから、歳計の均衡がとれません。そこで赤字埋めに二人はアルバイトに小説を書こうということになりました。原稿料は一回二五銭位、二人でかわるがわるに書きました。幸徳は小泉のすすめで「いろは庵」というペンネームをつかいました。小説は書き初めだから「いろは庵」なのです。

下宿料を節約するために二人で新聞社の宿直を引きうけました。宿直料は一人前十六銭位で、当時、十六銭あると、牛肉一人前に飯がついて十銭、天丼が五銭、だから天丼ですましておけば三度間にあう勘定ですが、朝は牛鍋、昼は天丼、すると晩には一銭しか残りません。橋むこうの芝口に労働者相手にコワ飯を売る店があって、それが一銭でした。それで間に合わせるか、またやりくり算段をして牛肉屋に行くというのがその頃の二人の生活でした。

幸徳はこの新聞社入りと同時に中江家を辞し、南波登発方に移りましたが、九四年（明治二七）三月より平河町一丁目の下宿に移りました。

『おこそ頭巾』

幸徳が小泉三申と交替で執筆した小説のことですが、『自由新聞』の一八九四年（明治二七）一一月一八日号から連載をはじめて、同年一二月七日に一五回で完結した「いろは庵」署名の『おこそ頭巾』という小説があります。べつだん取り立てて論じるほどでもない陳腐な道具立ての、雅俗折衷体の通俗小説ですが、ただ一つ関心をひかれるのはこの主人公が部落出身者の息子であるというシチュエーションです。これはいかにも兆民先生の弟子の秋水らしい発想であります。作者は、部落出身者にたいして、四民平等のたて前から、封建的な身分差別を非とする立場を堅持しています。作者の秋水は、主人公の藤田壮吉の言葉を借りて、「今迄知りませんでした、新平民の子、宣しう御座います、心理からも生理からも平等の人間一匹、華族でも新平民でも何の高下、新平民結構です、王侯将相種あらんやです、私は是から立派に新平民と名乗ります……」と叫ばせています。

一九〇六年（明治三九）、島崎藤村は小説『破戒』で部落出身者の問題を取り上げましたが、それよりもはやく幸徳秋水が、たまたま小泉とのアルバイトの小遣いかせぎで書いた小説にせよ、部落出身者の問題を真正面からとり上げたということは、いかにも『自由新聞』の小説らしくて注目される話ではありませんか。

『広島新聞』から『中央新聞』へ

一八九四年（明治二七）の末、自由新聞社が経営難でつぶれ、小泉三申はめざまし新聞社に転社しました。幸徳は、自由党系の小田貫一の経営する『広島新聞』から招かれ、兆民先生の忠告もしりぞけて、九五年（明治二八）一月広島におもむきました。前田三遊や荻原絹涯らと一緒でした。三月にはじめて新聞が創刊されましたが、何ぶん地方新聞のことで、テンポがおそく、センスもにぶく、在社二か月で退社して帰京しました。

その後、幸徳は小泉三申の斡旋で、国民協会派の大岡育造が社長で、松井柏軒が主筆の『中央新聞』にはいり、あいかわらずの翻訳係と雑報係を兼務しました。

結婚・離婚

この年の八月、叔父の小野道一が亡くなり、小野家が解散することになりましたが、翌九六年（明治二九）の春、幸徳は母多治を郷里から迎え、麻布市兵衛町に三部屋ばかりの小さな借家を借りて、母親と二人ぐらしの独立した生活にはいりました。

幸徳は、老母に薪水の労をとらせるのが心苦しいとでも思ったのか、中江門下の友人森田基の世話で、福島県三春辺の旧久留米藩士某の娘朝子を迎えて結婚しました。質朴なういういしい朝子の起居動作はたいへん姑の気に入りましたが、幸徳はその妻が無学で、良人の仕事を理解することができないのに不満で、二、三か月懊悩していましたがついに離別してしまいました。

松井柏軒が『四十五年記者生活』に書いた回想によりますと、松井は幸徳が結婚式をあげた日の夜吉原あたりの某楼でばったりと幸徳に出会ったことを記しています。

「……自分が女中式の女など真ッ平といふのを強いて結婚しろといふから、余儀なく今夜三々九度の式を挙げたが、我慢出来ずに飛び出したのだといふのだ。性来親孝行の秋水、母の勧めを拒み得なんだのも無理はないが、其飛び出したのもヨク〳〵であらう。而して彼の気性の一端も窺《うかが》はれる。」

それにしても結婚式の夜、花嫁のひそかな初夜の期待をふみにじって、わざわざ遊里に足をはこぶというのはいかにも残酷で、非人道的な行為です。幸徳の青春には、金で自由になる地獄屋や、遊廓の女との交渉はありますが、恋愛によって結ばれた女性との関係はありません。男女の自由交際がまだ不道徳視された時代であったからとはいえ、幸徳の女性観や結婚にたいする考え方がまだまだ前近代的であったことがわかります。

日清戦争と日本資本主義

日本資本主義の後進性

明治維新以後、政府の熱心な殖産興業政策にもかかわらず、わが国の資本主義の発達はきわめて緩慢でした。資本の蓄積は乏しく、工業はだいたいにおいて手工業的家内工業であり、動力機械を応用する工業ではありませんでした。農村ではなお自給自足経済が行なわれ、商品生産が発達せず、対内的にも、対外的にも、商品の販路が狭少でした。労働賃金もはなはだしく低廉で、機械を利用するよりも、労力を利用する方が安くつくから、機械使用の工業の発達を妨げました。

こうした日本資本主義の後進性を、天皇制政府は、比類のない軍国主義の力でおぎない、これを武器として、となりの民族を侵略して、その資源や労働力をうばって、日本資本主義の成長をはやめようとつとめました。

日清戦争による発展

一八九四年（明治二七）、日本政府は、清国にたいする英・露の対立を利用しつつ、日清戦争によって清国の勢力を朝鮮半島から駆逐し、安定した輸出市場として、ま

株式会社・銀行・鉄道の数とその資本

	明治26年6月	明治29年6月
株式会社	1,135社	1,471社
同資本	108,190,719円	189,383,092円
銀　行	135行	1,197行
同資本	62,916,100円	211,432,042円
私設鉄道	28社	40社
同資本	73,123,000円	121,138,000円

工場ならびに原動力使用工場

年次	工場総数	原動力使用工場
明治25	2,767	987
27	5,985	2,409
29	7,672	3,069
33	7,284	2,388

工場職工数

年次	工場職工数
明治 3	346,976
25	294,425
27	381,390
29	441,616
30	439,549

た食糧資源地として朝鮮を侵略しました。この戦争を境として、わが国の経済事情は一変しました。

戦争は、第一に軍事工業その他を勃興させ、また戦勝の結果、三億六〇〇〇万円という当時としてはすこぶる巨額の償金が清国からはいってきました。一八九七年（明治三〇）には、金本位制が採用され、一八九九年（明治三二）には一部関税自主権も回復されましたから、諸会社の設立は急増し、その払込資本額は戦後一〇年間に戦前の約三倍以上の九億円近くとなり、しかも工業会社と運輸会社の増加率がめだちました。工場数も一八九四年（明治二七）には約六〇〇〇（そのうち原動力使用工場約四〇％）であったのが、一九〇四年（明治三七）には約一万（原動力使用工場四三％）となり、労働者数もまた一八九四年（明治二七）の男工一四万、女工二三万九〇〇〇から、一九〇四年（明治三七）には、男工二一万、女工三一万と著増しまし

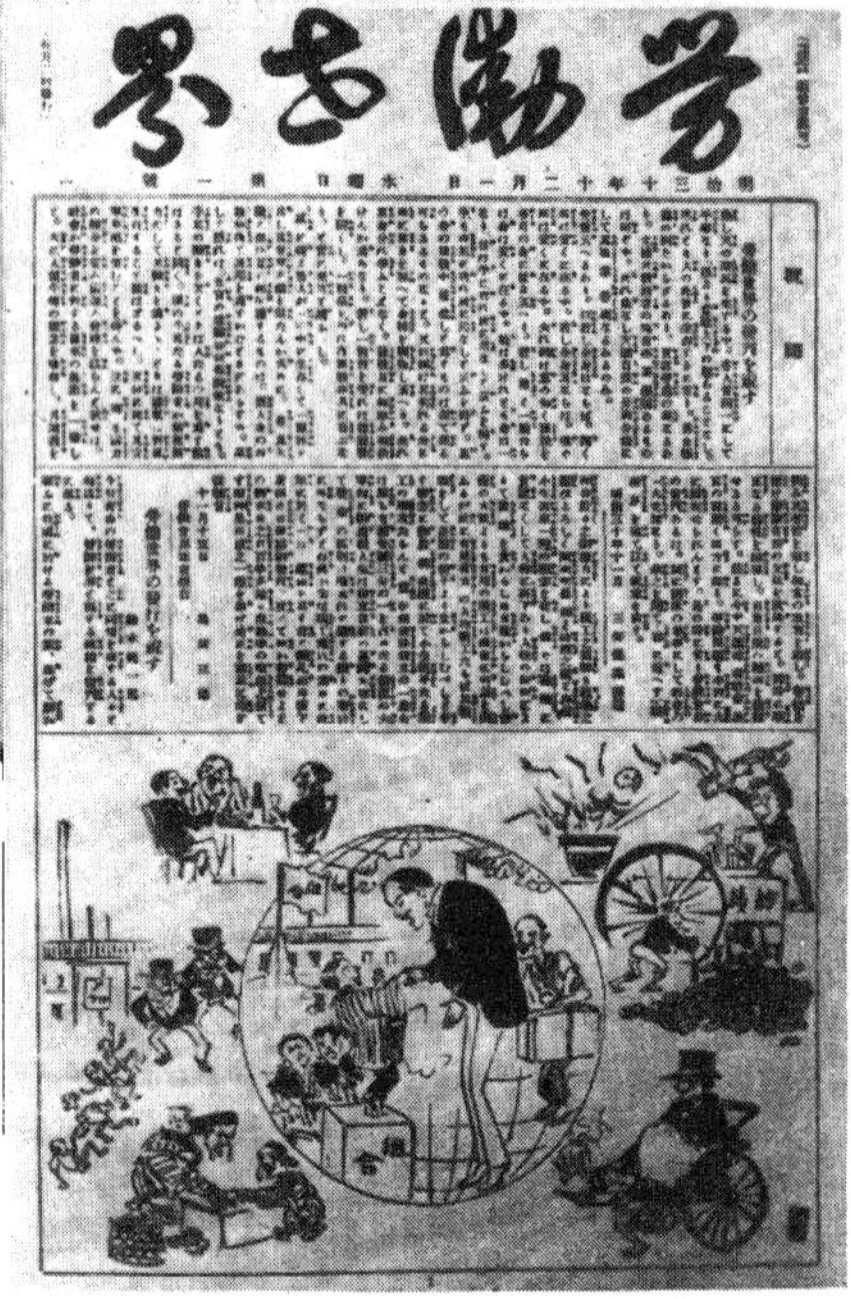
労働世界

片山　潜（上）と
労働世界創刊号

た。

だいたい日本の資本主義は、明治初年から二〇年代に渡っての資本の原始的蓄積の時代（農民の土地収奪による離村、都市プロレタリアートの形成、大工業の上からの創出）を経て、日清戦争から日露戦争にかけての頃、ようやく産業資本として確立し、近代的な労働者もきわめて不十分ながら一応独立した階級として成立したのです。

労働組合の結成

一八八四年（明治一七）から八七年（明治二〇）にかけて、活版工や鉄工の間で労働組合をつくろうという動きはありましたが、一八九七年（明治三〇）四月、アメリカ帰りの高野房太郎、片山潜、鈴木純一郎等により、アメリカのＡ・Ｆ・Ｌに範をとった「職工義友会」が結成され、七月に「労働組合期成会」と改称、これを母胎として同年一二月には組合員一一八〇名で「鉄工組合」を組織し、労働者の機関紙『労働世界』を創刊しました。

次いで、翌九八年（明治三一）二月には、日本鉄道機関手の同盟罷工が起こり、その結果、労働組合「日本鉄道矯正会」が結成されました。

九九年（明治三二）には、石黒忠真や加藤弘之などの有名人を顧問に推戴した、温健微温な「活版工組合」が生まれました。また知識人の社会問題への関心もたかまりました。

社会主義への入門

一八九七年（明治三〇）四月三日、社会問題研究会が上野精養軒で発会式をあげました。幹事は中村太八郎、樽井藤吉、西村玄道の諸氏で、評議員は田口卯吉、巌本善治、鳩山和夫、片山潜、シー＝ガルスト、人見一太郎、三宅雄二郎など多彩な顔ぶれでしたが、兆民門下で、幸徳の先輩にあたる酒井雄三郎や、小島竜太郎の名前も見えました。幸徳は『中央新聞』の先輩にあたる石川安次郎の紹介で入会しましたが、べつだんめだった存在ではありませんでした。

社会主義への関心

「もはや自由民権の時代じゃなくなったのかもしれんね。社会主義の勉強をしようと思うんだ。」

幸徳は、ある日友人の松井広吉を訪ねてこういいました。その頃、幸徳の書いた雑報「大森駅奉送記」（英照皇太后の霊柩を送る）が、社長大岡育造の目にとまって、幸徳は、翻訳係から論説記者に昇格しました。

『社会主義真髄』を読む

この年、幸徳の母方の再従兄《またいとこ》にあたる安岡雄吉がイギリス留学から帰ってきましたが、安岡はイギリスで社会主義思想を研究してきました。安岡その人は社会主義は日本の国情にあわないという考えでした。しかし、この年安岡は雑誌『太陽』に「土地国有論」を書き、社会問題研究会にも入会しました。

幸徳は安岡から新知識を吸収するため、芝の君塚町の安岡の家を訪ね、シェッフレの『社会主義真髄』の英訳本を借りてきて読み、はじめて社会主義の本質にふれたように感じました。

このシェッフレという人は、スペンサーやリリエンフェルドなどと同時代のドイツの社会学者であり、経済学者です。

社会主義研究会に入会

その後、一八九八年（明治三一）の一一月一八日、一九日の『万朝報』の論説に、幸徳は「社会腐敗の原因及び救治」という一編を発表しました。

この幸徳の論文は、近頃のわが国民が政治的に、社会的に、経済的にその信用と道義が全く地をはろうて、ほとんど腐敗堕落の極点に達した原因は、社会現時の制度組織の罪であると書いています。

そして、今日の腐敗堕落を防止しようとすれば、まず今日の社会組織を根本的に改造しなければならず、貧富の平等をはかり、民に恒産をあらしめ、教育を普及し、選挙を公平にし、貴族制を廃止し、遺産相続法を改正し、貧民法、工場法、公費教育の実施、専有的私設事業の国有化、土地の国有など大いに講究すべき問題であると論じています。

この論文の中で、幸徳は、明治政府が三井、三菱をはじめとする特権的政商に特別な保護を加え、彼ら特権的資本家が政府と結託して不正不当な利益を壟断《ろうだん》しているのを、市民の立場から攻撃していますが、まだ資本主義の制度そのものを否定する社会主義の立場はとっていません。

また、資本家がその使用者にたいし非人道的、半封建的な搾取をしいていることを糾弾してはいますが、商品として資本家に買われた労働力そのものが、余剰価値を生みだす源泉であるというマルクス主義の認識にはまだ到達していません。

しかし、この論文は、村井知至、片山潜などの目にとまり幸徳は彼らに誘われて社会主義研究会に入会することになります。

この社会主義研究会というのは、自然消滅してしまった社会問題研究会のあとをうけてできたもので、社会問題研究会がその会員の種類があまりに雑駁《ざっぱく》であったために、会が永続できなかった経験にかんがみ、こんどは、会員の範囲を狭くし、だいたい同じ傾向の人々で一つの会を組織すべきだという意見に従って一八九八年（明治三一）一〇月にこの社会主義研究会が創立されたのです。

東京芝区三田四国町の惟一館（ユニテリアン協会）の会堂を借りて、定期に研究会をひらきましたが、会員は村井知至、安部磯雄、岸本能武太、片山潜、豊崎善之助、幸徳秋水、杉村楚人冠、高木正義、河上清、佐治実然、金子喜一らの諸氏で、研究会ではじめ社会主義の歴史的研究が取り上げられ、サン＝シモン、ルイ＝ブラン、フェルジナンド＝ラサール、カール＝マルクス、ヘンリー＝ジョージなどが研究されましたが、第八回目の研究会では、幸徳傳次郎が「現今の政治社会と社会主義」と題して報告を行なっています。

『万朝報』にはいる

『万朝報』入社

これより前、この年の二月に、幸徳は、『中央新聞』が伊藤博文に買収されて政府のご用新聞になりさがったのを恥じてここを去り、兆民の紹介で涙香黒岩周六の主宰する『万朝報』に入社しました。このように幸徳という人は政治的にまことに潔癖な人でした。

苦しい新婚生活

一八九九年（明治三二）七月、幸徳は旧宇和島藩士で、国学者の師岡正胤の末女千代子と結婚しました。

母を加えての千代子との新婚生活はつねに生活難につきまとわれていました。幸徳の『時至録』の九月二八日の記事には、幸徳が万朝報社からうけとった俸給は六〇円たらず、この中から昼飯料二円内外、車賃二円ないし三円、無尽に二円、社より前借一〇円（小使いに窮して月の中頃に借りるのが例であった。）、前借月賦返済の分五円を差し引くと、月末に家にもって帰る分は三十五円ないし四十円でした。ところが、三人家族で月末の支払いに、米屋、薪屋、魚屋、

秋水と妻千代子

酒屋、車屋、呉服屋、家賃等一切で四十円から四十五円が必要でした。四十円の支払いがある月末に三十五円しかもって帰らないというような有様で、母が諸払いをすますとたちまち明日からの小遣いに困るというようなありさまでした。しかも幸徳の不健康と、生活が不規則な上に、友人と酒を飲んだりして、交際費もかなりかかるので、衣類を質に入れることも度重なりました。

幸徳が年少のとき木戸先生の塾で習ったのは、武士は食わねど高揚子式の士道精神であり、もっとも金銭を卑しみ、ただ天下国家を論じて世俗をかえりみない生活でした。だが資本主義時代の東京の生活では、今さらのように金銭の問題がついてまわり、身を修め、家をととのえるためには、つねに金銭が必要であり、多少の貯蓄も必要でした。しかも赤字つづきの幸徳の家計ではまことに実行困難なことで、幸徳は母の愚痴に耳を掩《おお》いながら窮乏の日々を送っていました。

マルチンの茶説執筆

一八九七年（明治三〇）から一九〇一年（明治三四）にかけて、幸徳は小遣い稼ぎのアルバイトに「団々珍聞《まるまるちんぶん》」（略称マルチン）の茶説（社説のもじり）を書いていますが、この茶説に「である」調の口語体をいちはやく採用しています。

このマルチンは、幕末頃、蘭英の両語を学び、明治一〇年代には改進党員であった野村文夫（一八三六―一八九一）が、明治一〇年三月に創刊、毎週土曜日発行の絵入り諷刺週間雑誌で、明治四〇年七月までに一六五四号を重ねました。

内容は茶説、雑報、狂詩、狂俳、都々逸《とといつ》、川柳その他平民的文学記事を満載し、鉛版刷りの挿画に、戯画、隠画、判じ絵などいずれも当時の精鋭を集めたものでした。なかでも狂体漢詩文をもって書かれたその茶説、雑録や狂詩は、奇警な観察、軽妙な筆致で、滑稽の間に政治を諷刺して、これを揶揄《やゆ》し、皮相な文明にまどわされた為政者や社会人に深刻な皮肉を加えました。幸徳はこの茶説の文章に率先して口語体を用い、三七篇の茶説が口語体で書かれています。詳しくは茨城大学の山本正秀氏の研究「幸徳秋水の言文一致活動」（同大学文理学部紀要『人文科学』第一四号）にゆずりたいとおもいます。

治安警察法の制定公布

日清戦争後の労働運動の勃興にたいし、山県内閣ははやくも一九〇〇年（明治三三）には治安警察法をつくって、これをおさえにかかり、まもなく生まれたばかりの労働組合を取りつぶしてしまいました。

治安警察法の全文三三条の条文は、教師や婦人の政治活動への参加を禁じ、集会には警察の許可が必要であり、警官は集会に自由に乗りこんで、自分の判断でこれを解散させたり演説をやめさせる権限を与えられるなど、言論・集会・結社の自由をうばいとるものでした。

そのいちばんのねらいは、第一七条で、「労務の条件または報酬に関し、協同して行動をなすべき団体に加入せしめ……」または「相手方の承諾を強いる」目的で「暴行し……あるいは他人を誘惑もしくは扇動するものは……一か月から六か月までの重禁錮、三円から三〇円までの罰金」に処するというものです。つまり労働組合をつくったり、ストライキその他の団体行動を「扇動」したりすることを罰するもので、ひとことでいえば、団結権、ストライキ権をうばう「労働組合死刑法」ともいうべきものでした。

治安警察法の発布にさいして、労働組合期成会の機関紙『労働世界』は、「治安警察法と労働者」と題して、同盟罷工は労働者が憲法の下に自由契約の最終談判をする手段であり、労働者の権利を決行するものでありますから、資本家雇主の生命を害せず、財産を破壊しない限りは、警察権をもって干渉すべきものでないと悪法反対をとなえました。

幸徳秋水は『万朝報』（明治三三・二・一七—八）の紙上で、「治安警察法案」と題して、専制政治家が自家の利欲と権勢のためにする横暴《おうぼう》陋劣《ろうれつ》な精神を攻撃し、このような法案はとうてい憲政治下のものといえないこと、大修正、大削除を加えなければならないことを強調し、ことに第一七条の労務者にたいする規定は、実に資本家地主を保護して、労働者小作人を圧迫するものであると訴え、久しく宿題となっている工場条例すらまだ発布の運びに至らないのに、ひとり労働者の運動のみを罰しようとするのは、その本末を誤るのもまたはなはだしいではないかと論じました。

普通選挙期成同盟会の運動

一八九九年（明治三二）一〇月二日、さきに社会問題研究会の事務所であった東京、京橋の開化亭に、樽井藤吉、本城安太郎、吉本襄、烏丸光亨伯、福本誠、小野瀬不二人等三〇余名が集まって「普通選挙期成同盟会」（後に普通選挙同盟会）を結成し、財産上の制限、納税資格の制限を撤廃して、国民一般に同等の選挙権、被選挙権を与うべしという趣旨書を発表しました。同会は、一九〇〇年（明治三三）一月に議会にたいして請願運動を起こしていますが、同年三月一〇日の例会には幹事を五名に増員することになり、従来の中村太八郎、石川安次郎、小野瀬不二人の三名に、幸徳秋水、高野房太郎の二名が加わることになりました。その頃社会主義者や労働団体関係者の入会者が多く、片山潜、木下尚江、西川光二郎、岡千代彦、安部磯雄、村井知至、河上清なども相次いで入会しました。

この年の三月一一日、幸徳は、母多治の還暦祝いの宴をひらくため郷里中村に帰りましたが、そのさい、中村町普通選挙同盟会の幹事になっています。

「自由党を祭る文」

一九〇〇年（明治三三）八月二五日、旧自由党の血統を継ぐ憲政党が、往年の敵であり、藩閥文官系の頭目である伊藤博文の前に屈服し、解党を宣言して、伊藤公を総裁と仰ぐ立憲政友会を創立しました。かつては戦闘的であった日本の地主勢力も、この頃には、下からは小作人につきあげられ、今はかえって政府の庇護に頼らざるを得なくなりました。しかし、この自由党系の軟化に憤慨した中江兆民は、幸徳秋水に書を飛ばして「自由党を祭る文」という悲壮な文章を書いてほしいと促しています。中江の手紙を読んで炎々たるインスピレーションを与えられた幸徳の名文は八月三〇日の『万朝報』紙上に発表されました。

「歳は庚子にあり八月某夜、金風《きんぷう》淅瀝《せきれき》として露白く天高きの時、一星忽焉《こつえん》として墜《お》ちて声あり。嗚呼《ああ》自由党は死す矣。而して其光栄ある歴史は全く抹殺《まっさつ》されぬ。……」

幸徳は弔辞の形式を借りて自由党埋葬の文章を書きすすめています。その中で幸徳は、かって自由党のために幾多の志士仁人が五臓を絞った熱涙と鮮血とが、その多年の仇敵であった専制主義者の唯一の装飾に供せられ、今や保安条例発布当時の総理伊藤博文や当時の内務大臣山県有朋の忠実な政友となりおわったことを慨嘆しています。

この一文を読みますと、こうして自由党が埋葬された以上、むかしの自由民権運動が開拓した革命的民主主義は、今や労働者階級を地盤とする社会主義者によって引き継がれねばならなくなったという歴史的事情がよくわかります。

社会民主党の結党

結党の経緯　一九〇一年（明治三四）四月二一日、当時、日本橋本石町の労働組合期成会の事務所に、安部磯雄、片山潜、幸徳秋水、河上清、木下尚江、西川光二郎の六人が集まりました。

彼らは社会主義政党をつくることを相談し、こうして五月二〇日、日本ではじめての社会主義政党―社会民主党の宣言書を発表することになりました。

創立者の一人である木下尚江は、『幸徳秋水と僕』の中でその経緯を回想しています。

「新聞社へ幸徳が尋ねてきた。僕の顔を見るといきなり『おい、社会党をやろう』

木下尚江

社会民主党の創立者 左から安部磯雄・河上清・幸徳秋水・木下尚江・片山潜・西川光二郎

『ウム、やろう』

こういって、立ったまま、瞬《また》きもせず見合っていたが、やがてニッコと笑って、直ぐに彼は帰って行った。

日を経た後『創立委員会を開くから、呉服橋外の鉄工組合事務所へ来て呉れ』と幸徳から知らせて来た。

どんな顔が寄るのかと思いながら行って見た。安部君が来て居る。片山君が来ている。西川光二郎君という『労働世界』の年少記者を片山が連れて来て居る。『万朝報』の河上清君というのが来て居る。それに幸徳と僕、都合六人だ。

当時の事だから、お手本は自然ドイツだ。名称は『社会民主党』少し明細な『宣言書』をだす事。宣言書は、幸徳の文章でやるべき所だが、幸徳は辞退して先輩に譲った。

衆望で安部君が筆をとることになった。費用は、差当り五円持ち寄りの三十円。幹事二名――片山君と僕。

事務所は、神田猿楽町の僕の自宅。我等の顔は、雲霞の如き前途の希望に輝いた。

けれど幹事という僕の眼前には差迫った一つの問題がある。党が成立した上は、直ぐ世間へ発表せねばならぬ。東京を振り出しに、西は名古屋、京都、大阪、東は仙台、せめて――これくらいのところでは、一つの集会をやらねばならぬ。然る所、安部君は教授の繋累《けいるい》で地方出張の時間の自由が無いという。幸徳は、『僕は筆でやるから、演説は是非勘弁して呉れ』というのだ。

片山君は学問もあり経験もある。彼が一たび憎悪に燃えて、野獣の如く叫ぶ瞬間、頑強粗野な体軀面貌は、あたかも岩石の聳《そび》ゆる如くに聴衆を圧倒する。然しそれがもし壺にはまらぬ場合、兎《と》角《かく》満場倦怠の不安がある。今や我等は、同志の前へ行くのではない。軽蔑と嘲笑との中へ踏み込んで、征服し啓発して行かねばならぬのだ。――

こんなことをふと思うていると、届け出てから五六日、警察署の呼出状が来た。行って見ると警視庁の『禁止命令』だ。……」

「社会民主党宣言書」　この社会民主党の宣言書は『労働世界』（第七九号、五月二〇日発行）に発表され、同日の『万朝報』『毎日新聞』『報知新聞』『新総房』『東海新聞』『日出新聞』の六大新聞紙上に掲載されました。宣言書は、社会民主党の宣言と八か条の理想綱領と二十八か条の行動綱領よりなり、安部磯雄の苦心の筆になったものでありました。

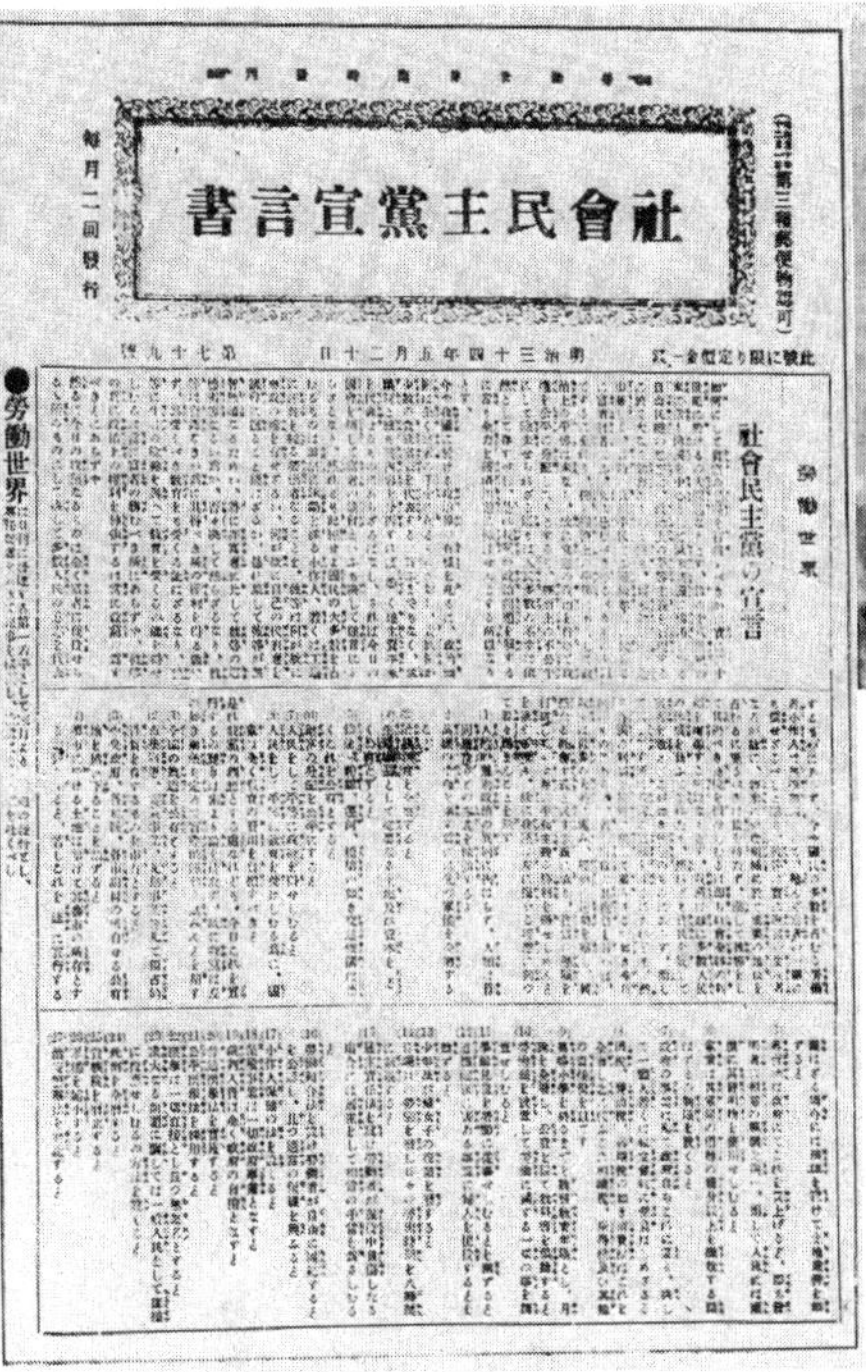

社會民主黨宣言書

毎月二回發行

明治三十四年五月二十日　第七十九號

勞働世界

社會民主黨の宣言

「社会民主党宣言書」（左）

と起草者安部磯雄

いかにして貧富のへだたりを打破すべきかということは、実に二〇世紀の大問題でありますという書き出しではじまるこの宣言書は、かの一八世紀の末にあたってフランスを中心として欧米諸国にひろがった自由民権の思想は、政治上の平等主義を実現する上で大きな効力がありましたが、その後、物質的な進歩は著しく、昔の貴族対平民という階級制度は今日、富者と貧民という忌むべく恐るべきものにかわりました……と説き、そもそも経済上の平等は本であって、政治上の平等は末であります。故に立憲政治を行ない、政権を公平に分配したとしても、経済上の不公平が除去されない限りは、人民多数の不公平は依然としてかわりません……と労働者の経済的利益を取り上げることを通じて、政治問題に取り組むことを明らかにしています。

そして今日、政治機関は全く富者の手中にあり、貴族院が少数の貴族、富豪を代表するのはいうまでもありませんが、衆議院もまたその内容を分析すれば、ことごとく地主資本家を代表しないものはありません。しかし記憶せよ。国民の大多数を占めるものは田畠に鍬鋤をとる小作人であり、工場に汗血をしぼる労働者であります。彼らは何が故に参政の権利を得られないのでありましょうか。彼らのために政治上の権利を伸張することこそは政党のなすべきことではないでしょうか……と完全な普通選挙権を要求しています。ではどのような方法でこれらの目的を達成しようとしたのでしょうか。暴力主義を排し、あくまで平和の手段をとるべきことを次のように高調しています。

人あるいは社会民主党をもって、急激な説をとなえ、危険な手段を取るものというでしょうが、我々の説は頗《すこぶ》る急激ではありますが、しかもその手段はあくまで平和的であります。

我々こそは絶対的に戦争を否認するものではありませんか。国際上においてそうであれば、個人の間においてはなおさらのことです。かの白刃をふるい、爆裂弾を投じるがごときことは虚無党や無政府党のやる事であります。わが社会民主党は、全く腕力を用いることに反対でありますから、虚無党や無政府党の愚にならうようなことはしません。

昔から大革命を行なうのにあたって、腕力の助けを借りたことはすくなくありませんが、これは当時の時勢がそうさせたのであって、決して我々の見習うべきことではありません。わが党の抱負はまことに遠大で、深く社会の根底より改造を企てようというのでありますから、かの浮浪壮士がとるところの乱暴手段のごときは、断じて排斥しなければなりません。我々は剣戟《けんげき》よりも鋭利な筆と舌とをもっています。軍隊制度よりもなお有力な立憲政体をもっています。もしこれらの手段を利用して、我々の抱負を実行するならば、どうして白刃や爆裂弾の助けを借りる必要がありましょうか。我々がここに政党の組織をつくる理由は、すなわち文明手段としてのこれらの政治機関を利用しようと思うからであります――宣言は以上のように訴えた後、同党の「理想綱領」と二十八項目の「行動綱領」をかかげています。

理想綱領

（一）人種の差別、政治の異同に拘《かかわ》らず、人は皆同胞なりとの主義を拡張すること。
（二）万国の平和を来たすためには、先ず軍備を全廃すること。
（三）階級制度を全廃すること。
（四）生産機関として必要なる土地及び資本は悉《ことごと》くこれを公有とすること。
（五）鉄道、船舶、運河、橋梁のごとき交通機関は悉くこれを公有とすること。
（六）財産の分配を公平にすること。
（七）人民をして平等に政権を得せしむること。
（八）人民をして平等に教育を受けしむるために、国家は全く教育の費用を負担すべきこと。

行動綱領

（一）全国の鉄道を公有とすること。

（二）市街鉄道、電気事業、瓦斯《がす》事業凡て独占的性質を有するものを市有とすること。

（三）中央政府、各府県、各市村の所有せる公有地を払い下げることを禁ずること。

（四）都市に於ける土地は、挙げてその都市の所有とする方針を採ること。若しこれを速かに実行すること能わざる場合には、法律を設けて、土地兼併を禁ずること。

（五）専売権は政府にてこれを買上げること。即ち発明者に相当の報酬を与え、而して人民には廉価にてその発明物を使用せしむること。

（六）家賃はその家屋の価格の幾分以上を徴収する能わずとの制限を設くること。

（七）政府の事業は凡て政府自らこれに当り、決して一個人若くは私立会社に請負わしめざること。

（八）酒税、醤油税、砂糖税のごとき消費税は、これを全廃し、これに代るに相続税、所得税及び其他の直接税を以てすること。

（九）高等小学を終るまでを義務教育年限とし、月謝を全廃し、公費を以て教科書を供給すること。

（一〇）労働局を設置して、労働に関する一切のことを調査せしむること。

（一一）学齢児童を労働に従事せしむることを禁ずること。

（一二）道徳健康に害ある事業に、婦人を使役することを禁ずること。

（一三）少年及び婦女子の夜業を廃すること。
（一四）日曜日の労働を廃し、日々の労働時間を八時間に制限すること。
（一五）雇主責任法を設け、労働者が服役中負傷したる場合には、雇主をして相当の手当を為さしむること。
（一六）労働組合法を設け、労働者が自由に団結することを公認し、且つ適当の保護を与うること。
（一七）小作人保護の法を設くること。
（一八）保険事業は一切政府事業となすこと。
（一九）裁判の費用は全く政府の負担となすこと。
（二〇）普通選挙法を実施すること。
（二一）公平選挙法を採用すること。
（二二）選挙は一切直接とし且つ無記名とすること。
（二三）重大なる問題に関しては、一般人民をして直接に投票せしむるの方法を設くること。
（二四）死刑を廃止すること。
（二五）貴族院を廃止すること。
（二六）軍備を縮小すること。
（二七）治安警察法を廃止すること。

（二八）新聞条令を廃止すること。

右の宣言書の起草者は安部磯雄ですが、この内容はアメリカのウィスコンシン大学の教授であるイリー博士（*Ely Richard,* 1854－1943）の著書『社会主義と社会改良』から影響をうけているといわれています。

社会民主党の禁止　社会民主党は、五月一八日（土）に結成、一九日（日）に届け出、二〇日（月）に「安寧秩序に妨害あり」という理由で治安警察法第八条第二項により、内務大臣より結社禁止を命ぜられ、雑誌『労働世界』をはじめ、同党の宣言書を掲載した『万朝報』以下の五新聞は罰金刑を科されました。

社会民主党が禁止された後、その創立者たちは「日本平民党」の結社を届け出ましたが、これも直ちに禁止されました。それで社会主義の政治運動は当分見込みがないというので、再び教育的伝道の方針をとり、社会主義協会を復活させました。片山の家を事務所に、安部が会長となり、実際運動の中心は、片山と西川であり、木下、河上、幸徳らがこれを援助することになりました。この時、『万朝報』記者であった堺利彦、斯波貞吉が新しく会員となりました。

田中正造の直訴文を草する

直訴文執筆を依頼される　一九〇一年（明治三四）の一二月は、幸徳にとって事件の多い月でありました。一つは足尾銅山の鉱毒問題に関して直訴する田中正造の直訴文を幸徳が翁に頼まれて起草した事件であります。

今一つは、この月の一三日に幸徳の恩師である中江兆民が病更《あらたま》って永眠したことです。

田中正造

明治三四年一二月九日の夜更け、田中正造翁は麻布宮村町の幸徳家の門を叩きました。それから鉱毒問題にたいする最後の手段として、一身を棄てて直訴におよぶ苦しい胸中をものがたり、この直訴状は余の儀とは違い、文章の間に粗漏《そろう》や欠礼があってはならないから、ぜひ幸徳に執筆してほしいと懇談しました。幸徳はその時の印象を後に木下尚江に次のように語っています。

「直訴状など誰だって厭《いや》だ。けれど君、多年の苦闘に疲れ果てた、あの老体を見ては、厭だと言うて振り切ることが出来るか」

翁を帰して幸徳は徹夜して筆をとりました。

翌朝、芝口の旅宿越中屋を訪ねますと、翁はすでに身支度をととのえて待っていました。幸徳の手から奏状をうけとりますと、黙ってそれを懐中に入れ、用意の車に乗って日比谷の方へ急がせました。腕を組んで車に揺られて行く翁を見送って、幸徳は無量の感慨にうたれたということです。

資本の畜積の過程における一つの悲劇

田中正造がほとんどその一生の大部分を献げたという足尾鉱毒問題なるものは、日本における資本の原始的蓄積の過程にともなう避けることのできない一つの悲劇でありました。マルクスがその『資本論』でこの上もなく鮮かに描き出していますように、資本というものは実に「頭から足の爪先まで総ての毛孔から、血と汚物をたらしつつこの世に生まれて」来たものであります。どこの国でもはじめて資本主義が立脚地を確立するに至るためには、独立生産者にたいする惨怛たる生存資源剥奪の過程を必要としました。「それは人類の歴史の中へ血と火の消えざる文字をもって書きこまれている。なかんずく農民から土地を剥奪することは、全過程の基礎を形成する。」そこでは、「掠奪、圧服、強盗、簡単にいえば暴力が大なる役割を演ずる。」とマルクスは書いています。畢竟《ひっきょう》、足尾地方で数多くの農民が父祖伝来の土地を失い、相率いてプロレタリア化したのも、古河という大資本家が急速に成長するために——やがてまた日本資本主義の成長を温室的に促進せしめ、封建的生産方法の資本家的生産方法への転化の過程を短縮するためには、避けることのできない歴史の必然的な悲劇的要請であったのであります。

足尾銅山

足尾銅山鉱毒事件

栃木県上都賀郡足尾銅山採鉱坑内選鉱所から流れ出る多量の銅鉄および硫酸をふくんだ水が、渡良瀬《わたらせ》川に注ぎ、洪水にさいして、氾濫《はんらん》して両岸の堤防をこわし、有害な淤泥《おでい》澱渣《でんさ》が混入して沿岸の耕地土壌の理化学的組織に変化を来たし、ついに諸種の植物の生育を妨げる結果となりました。これがいわゆる足尾の鉱毒問題であります。

足尾銅山鉱毒事件が表面化したのは、はやくも明治一九年からでありました。古河市兵衛は銅山のまわりの官有林二万三千町歩を、わずか一万一千円という安値で払い下げをうけ、坑木や燃料として伐採しました。その上、この年、大山火事があり、渡良瀬川両岸半里はハゲ山になりました。そのうち足尾の製錬所からふき出す亜硫酸ガスは、桑や若木を枯らし、養蚕農家は仕事をうばわれてしまいました。

　川を遡《さかのぼ》ってくる鱒や川魚の類は死んで浮きはじめ、沿岸の農民も漁ができなくなりました。一八九〇年（明治二三）には大洪水があり、そのため栃木県安蘇、下都賀両郡の渡良瀬沿岸の田畑に鉱毒が流れこんで、一帯は不毛の地となりました。こうして安蘇郡吾妻村では、臨時村会をひらいて銅山の採掘中止を知事に上申し、栃木県議会も害毒除去のための適切な方法をとることを知事に申し入れました。

　東京帝国大学の古在由直助教授ら、専門家の試験調査の結論は一致して足尾銅山が耕地被害の原因であることを明らかにしました。

九一年（明治二四）の第二議会以来、この問題の重大性を絶叫してきたのは栃木県選出の代議士田中正造でした。しかし、人民の声にも、義人田中の叫びにも、政府は耳を傾けようとしませんでした。

　殖産興業は明治政府の基本方針であり、とくに銅は日本の重要生産物である上、農商務大臣陸奥宗光の二男潤吉は古河市兵衛の養子となり、古河はこうして政府の権力者とも密接に結びついていました。

　一八九六年（明治二九）には、七月から九月にかけて豪雨がつづき、この時、毒水は東京に流れこもうとしましたが、利根川と江戸川の分岐点にある関宿附近で江戸川の流れをさしとめたので、毒水は逆流して足尾銅山の田畑はもちろん、栃木、群馬、埼玉、千葉に流れ、耕地数万町歩が不毛の地となりました。田中正造は九七年（明治三〇）二月の議会に、「公益に有害の鉱業を停止せざるの儀につき質問書」を提出して演説しました。三月には栃木・群馬の被害民八〇〇人が上京し、農商務省に押しかけて鉱毒停止を陳情しました。田中代議士は、榎本農商務大臣に、「かれこれ面倒なことをいっても仕方がない。鉱毒の水をくんできて飲んでもらいましょう。」と迫りました。

被害地を視察する田中正造

政府は、内閣に足尾銅山鉱毒調査会を設け、古河は第一銀行から一〇〇万円の融資をうけて、大規模な予防工事に着手しました。

しかし、一八九七年（明治三〇）八月におそった大洪水は、防御工事が効果のうすいものであったことを暴露し、またまた鉱業停止の声をたかめました。

九八年（明治三一）二月には第二回目の大挙上京請願が計画され、その年の秋、また渡良瀬川に大洪水がおき、九月末に第三回目の上京請願が企てられました。

人のからだは毒にそみ
悲惨の数は限りなく

と、農民たちは「鉱毒歌」をうたいながら、約一万人が隊伍を組んで行進しました。彼らが、警官と憲兵の妨害を突破して前進をつづけ、疲れはてて東京府下に足をふみいれたところへ、田中正造が人力車でかけつけ、「諸君の事情と気持はよくわかるが、手段は適切でない。多数で行動して社会の秩序をみだすのはよくない。諸君の要求は、議会を通じてかならず実現させるから……」と誠意をつくして説得しましたので、農民たちは不満ながらも、日頃自分たちのために献身して働いてくれている田中の説得を無視できず、ついに引きあげました。こうして混乱は一時回避されましたが、政府側はすこしも田中の誠意に答えようとしませんでした。

一九〇〇年（明治三三）二月一二日の夜、被害民は四度目の死にものぐるいの上京を試みましたが、一三日の正午ごろ利根川北岸の川俣で、待ちかまえていた憲兵・警官隊と衝突、無抵抗の農民の中から多くの負傷者を出した上、重だった者が逮捕され、凶徒《きょうと》嘯集《しょうしゅう》罪《ざい》で起訴されました。

川俣事件が起こると、田中正造はおりから開会中の第一四議会に、矢つぎ早に質問書を提出しました。「院議を無視し、被害民を毒殺し、其請願者を撲殺する儀に付質問書」、「政府自ら多年憲法を破毀し、さきに毒を以てし、今は官吏を以てし、以て人民を殺傷せし儀に付質問書」さらに、「亡国に至るを知らざれば之れ即ち亡国の儀に付質問書」という変わった表題の質問書を提出して衆議院の演壇に立ちました。

「たいていの国家が亡びるまで自分は知らないもの……人民を殺す――人民を殺すのは、已れの身体に刃を当てると同じであるということを知らない。自分の大切なる所の人民を、自分の手に掛け殺すというに至ってはもう極度で、これで国が亡びたといわないでどうするものでございます――陛下の臣民を警察官が殺すという事は、陛下の御身に傷つけ奉る事、かつまた已れの身体に傷つけるのであるというこの道理が、この大いなる天則が、わからなくなって、なおかつ、これを蔽《おお》うため凶徒嘯集という名で召捕って裁判所へ送る――よし、凶徒嘯集というようなものであれば、私もその中の一人でありますから、この議場の開会と閉会とにかかわらず、なぜ先に私を捕えて行かないのであるか……人民を打ち殺すほどのことをするならば、なぜ田中正造を拘引して調べないか」

しかし、田中正造のこの熱烈な質問にたいして、政府は一片のひややかな答弁書で答えました。

「質問の旨趣、其要領を得ず、依て答弁せず。右及答弁候也

明治三十三年二月二十一日

内閣総理大臣　山県有朋」

田中正造、直訴を決意

こうして一九〇一年（明治三四）一二月一〇日、事の成らざることを痛惜した田中正造はついに最後の手段として直訴を決意するに至りました。この日、桂内閣のもとでひらかれた第一六帝国議会の開院式に行幸の明治天皇は、午前一〇時、貴族院で勅語を賜わった後、一一時一五分に還幸の途につきました。馬車が衆議院の正門を出て、貴族院の門前をすぎて左に折れ、衆議院議長官舎の前に進んだ時、拝観人の中から、うすぎたない外套を着た一人の老人が、いきなりそれを脱ぎすてると、つと身をおこし、天皇の馬車をめがけておどり出ました。

「お願いがございます。」

大声で叫んだ老人は、懐から一通の紙包みを取り出し、頭上高くふりかざしさがら、すさまじい勢いで馬車に向かって突進しました。

一瞬、たじろいでいた警護の人々の中から、護衛の一騎兵が馬首をかえして老人の方に突進しましたが、急のことで軍人は馬とともに横ざまに倒れ、抜剣は老人をかすめて空を切りました。つづいて巡査二人が馬車にとりすがろうとする老人を抱きとめました。もみあっているうちに、麹町警察署長・村島堅がかけつけ、老人はとりおさえられました。ひとまず虎の門の巡査派出所に引かれた老人は、一杯の水を所望してそれをうまそうに呑み、住所氏名の訊問にたいしてハッキリと答えました。

「田中正造　六一歳です」

幸徳が起草したという直訴文は漢文調の名文でした。

「草莽《そうもう》ノ微《び》臣《しん》田中正造誠恐誠惶《せいきょうせいこう》謹《つつし》ミテ奏《そう》ス伏シテ惟《おもん》ミルニ臣《しん》田《でん》間《かん》ノ匹夫《ひっぷ》敢《あえ》テ規《のり》ヲ踰《こ》エ法ヲ犯シテ鳳駕《ほうが》ニ近前スル其罪《そのつみ》実ニ万死《ばんし》ニ当《あた》レリ而モ甘《あまん》シテ之《これ》ヲ為《な》ス所以《ゆえん》ノモノハ洵《まこと》ニ国家生民ノ為メニ図《はか》リテ一片《いっぺん》ノ耿耿《こうこう》竟《つい》ニ忍《しの》フ能ハサルモノアレハナリ伏シテ望ムラクハ陛下深仁《しんじん》深慈《しんじ》臣カ狂（至）愚ヲ憐《あわれ》ミテ少シク乙夜《おつや》ノ覧《らん》ヲ垂《た》レ給ハンコトヲ……」（「至愚」は田中の訂正）

直訴する田中正造

という書き出しで、足尾銅山の鉱毒問題と渡良瀬川沿岸農民の惨状を述べ、政府の適切な対策によって、鉱毒を除き、農民の生活を救っていただきたいと切々と訴えたものでありました。

田中正造のこの直訴事件こそは、天皇制議会の本体を白日のもとにさらけ出したものであり、こうした旧幕時代の佐倉宗五郎同様の非常手段に訴えるよりほかに、もはや被害地農民の窮状を打開する一切の途は封じられていたことを暴露したものでありました。

幸徳・直訴を弁護

おそらく幸徳秋水の筆になると思われる一二月一二日の『万朝報』の社説は、「臣民の請

願権」の題下で直訴の挙を弁護して、

「田中の直訴、臣民の義に於て果して何の点にか背戻の跡ある。既に道を尽し理を尽して一も達する能はず、悲痛の極竟《つい》に聖駕に縋がり泣いて斯の民の願いを奉ぜんとす。是れ臣民の至情にあらずや。吾人は寧ろ田中を茲に至らしめたる政府及び議会の放漫を責めんとす。嗚呼竟に至仁至愛の陛下を煩はし奉りたるは誰の罪ぞ。」

と痛論しています。

しかし、幸徳は、政府および議会の放漫を攻撃してはいますが、直訴という前近代的な請願行為には一言の批判を下さず、むしろこれを肯定さえしています。

同じ年の五月三〇日の『万朝報』社説、「日本の民主主義」では、「古のふみ見るたびに思う哉、己が治むる国は如何にと」「綾錦とり重ても思ふかな、寒さ掩《おお》はむ袖もなき身の」の二首の御製を冒頭にかかげ、仁徳帝の高津の宮の民の富は朕の富なりとの詔などを引例してわが皇室のこのご精神こそは完全なる民主主義であると説いています。直訴文における幸徳の思想といい、この日本の民主主義における皇室観といい、当時の幸徳の天皇制国家にたいする考え方はまだまだ国家の階級的性質をはっきり見ぬいていたとはいえません。これは幸徳のその後の国家観の変化をあとづけるためにもここで一応明らかにしておかねばならないことです。

直訴事件の直後、幸徳も『万朝報』に書いた論説のために警視庁の取り調べをうけましたが間もなく釈放されました。

当局の田中正造にたいする処置は以外なまでにあっけなく、麹町警察署に一日留められただけで「狂人」としての取り扱いで翌日には無罪放免になりました。

さかんな救援活動

この直訴事件の衝撃で、世論は俄然沸騰しました。新聞が大々的に報道するようになり、救援活動が組織されました。とくにキリスト者と社会主義者とが積極的に協力しました　巌本善治、内村鑑三、矢島楫子、潮田千勢子・島田三郎・安部磯雄・木下尚江・幸徳秋水・石川三四郎・松岡荒村・荒畑寒村らの名前は、今日でもわたしたちに親しい当時の協力者です。婦人矯風会の「鉱毒被害地救済婦人会」や、東大・早稲田・慶応・明治など東京の各大学でも「学生鉱毒救済会」などの団体が次々とつくられ、真相を報告して現地の救援を訴えました。一二月一〇日の本郷中央公会堂の演説会で、当時東大の学生であった河上肇が金ボタンのついた大学の制服を鉱毒地への慰問品に提出した話は、河上博士の『自叙伝』の中に詳しく描かれており、当時の空気を伝えています。

こうして、田中翁とその協力者の最大の犠牲によって、渡良瀬川沿岸とその下流利根、江戸川両河川の水域数百か町村にわたる農地は、かろうじて鉱毒水害による廃滅からまぬがれることができたのでありました。

中江兆民の死

幸徳が一八の年から一〇余年、撫育の恩をうけた中江兆民先生は一九〇一年（明治三四）一二月一三日、小石川武島町の自宅で永眠しました。年五五でした。

兆民病む

前にも述べましたが、北海道山林事業で大失敗した兆民は、一九〇〇年（明治三三）一〇月以後、『東京毎夕新聞』の主筆となり、また北清事変後に露国討伐を標榜して立った国民同盟会に参加して大いに奔走していました。一一月頃から音声がかれました。疼痛もなく、咳嗽《がいそう》もなく、食事の嚥《えん》下《か》も困難でなかったので別に気にもとめなかったのですが、一二月頃、東京で某医師の診断をうけた時は喉頭カタルということで、これを信じて治療をうけていました。

その当時、喉頭に多少狭窄《きょうさく》の感があり、睡眠時には往々窒息するような狭窄音を発しましたが、それでも格別のことはあるまいと一時医療を中止し、一九〇一年（明治三四）の三月、信州地方に遊説に行きましたが、旅先で左頸側の硬結物が著しく大きくなり疼痛を訴えました。四月になって、大阪に行くため行李《こうり》を調べ、衣服を着かえようとした時、とつぜん、咽頭辺から出血しました。が、しばらくして血はとまりましたので、我慢して大阪に行きましたが、着阪後まもなく喉頭の狭窄はますますはげしく、呼吸困難となり、もはやどうすることもできないので、耳鼻咽喉専門の堀内病院で診てもらったところ、喉頭ガンと診断され、とりあえず咽喉部に穴をあけて苦痛を軽めたので、粥や刺身や軟らかい肉などを呑み下せるようになりました。

兆民先生は、ある日、堀内医師を訪ね、あらかじめ自分に遠慮するところなくはっきりいってほしいと前提して、自分がこれから臨終までおよそ余命は何か月位あるだろうかと訊《たず》ねました。

堀内は沈思二、三分の後、きわめていいにくそうに、「一年半……よく養生すれば二年はもちましょう。」と答えました。

「それはありがたい。五、六か月でおしまいかと思っていたのに、一年半とはおもわぬ寿命の豊年だ。」と中江は答えました。そこで臨床筆を呵《か》し、その遺稿を著わしたのが有名な『一年有半』(別名『生前の遺稿』)です。

『一年有半』

この年の八月四日、中江は泉州堺の寓居に門弟幸徳秋水を呼んで、

「自分の病勢は日に悪く、余命はいくらもないとおもう。もし、今にして、後人に告げるものを書き残しておかないならば、自分も読書人の一人とはいえまい。そこでこの原稿を書いたのだが、自分の死後、君が校訂をして公刊してほしい。」

暗然とした気持で中江の言葉を聞いていた幸徳が、「何も先生の死後まで待つ必要はないでしょ

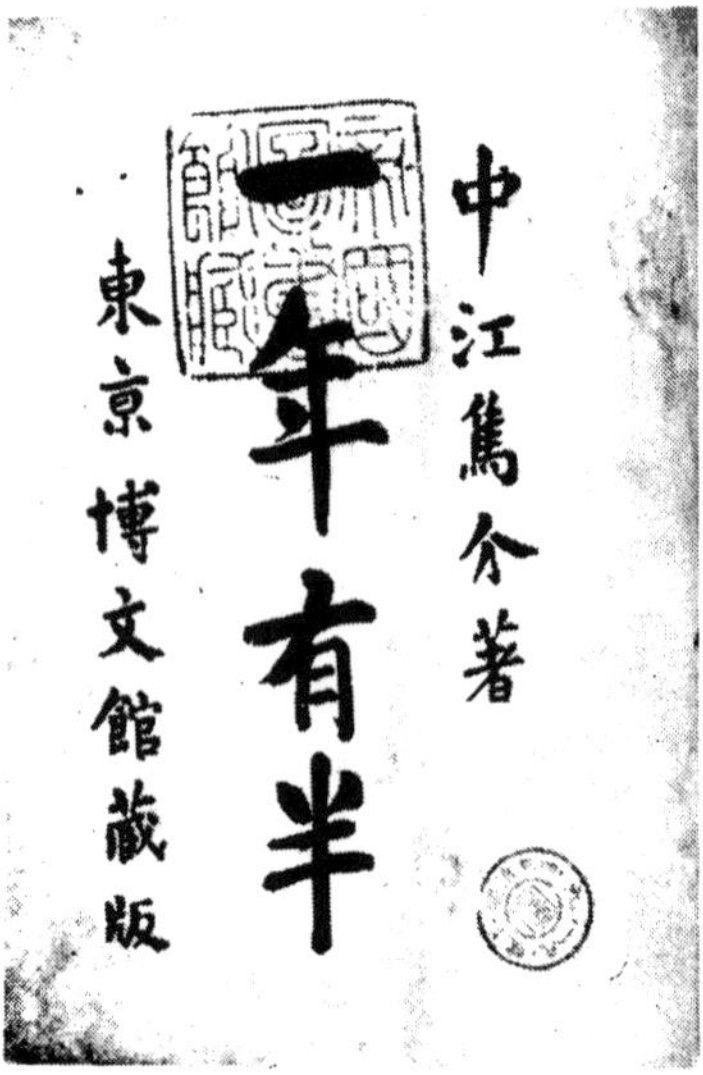

『一年有半』の表紙

う。天下の人々は先生の文章を渇するおもいで待っています。すぐ印刷させてください。」といいますと、中江はその言葉に微笑をかえすだけで別に反対もしませんでした。

　幸徳は原稿を携えて帰京し、同門の小山久之助と相談して博文館の大橋新太郎に託して出版することとなり、同年九月五日に初版を出しましたが、一万部は三日にして売り切れ、たちまちのうちに二十二版に達し、出版界空前の成功ともてはやされました。

　中江は『一年有半』の中で書いています。

「余の事業に於けるや、羸利《えいり》（もうけ、利益）は則ち他人これを取り、損失は則ち余これを任じ、その末や、裁判、弁護士、執達吏、公売等、続々生起し来りて後《のち》已《や》む。これ余が数年来、事業に従って遭遇せしところの境遇なり。今や不治の疾《やまい》に罹《かか》り、百数十里外に流寓して、定めて荼《だ》毘《び》（火葬のこと）の骨を以て家に帰る事なるべし。然れども余の本領は別にあるなり。他なしこの一年有半これなり。これ余の真我なり。」

その『一年有半』の中で、兆民は二十年代の後半から自由党がその多年の仇敵であった専制政府と妥協野合しはじめたことにたいする烈々たる満腔の不満を吐露して、こういっています。

「自由党が其抑鬱《よくうつ》、困頓、流離、艱難《かんなん》の歴史を一棄して自ら伊藤に献じて少しも貴重顧慮せず而して伊藤とは何者ぞ、正に往年自由党をして抑鬱、困頓、流離、艱難せしめたる所の張本人にして、即ち当の敵たりしを思へば、我れ自由党の諸子の度量に服せざるを得ず、抑も男子の気節を奈何《いか》ん、彼れ唯利是れ観る、故に為さざる所なし、故に其度量は大尽の愚弄《ぐろう》に忍ぶ幇間《ほうかん》の度量也。」

まことに兆民の政治的生涯は悲劇的な生涯でありました。

「おくれて文明の道にのぼり、今や改革の気運に直面した国家」であるこの後進国日本にあって、ルソー流の人民主権的な理想をつらぬき通そうとしたところに兆民の生涯の悲劇がありました。兆民の理想をつらぬくためには、日本のブルジョアはあまりにも怯惰《きょうだ》であり、絶対主義政府の保護恩恵に浴しすぎていました。そこに兆民の理想と日本の現実との背理があったのです。

「先生はしょせん主義の人なり、理想の人なり」と幸徳秋水はいいました。黒岩涙香が「操守ある思想家」と彼を呼んだことを、兆民は知己の言であるといって心からよろこんでいました。

『続一年有半』

兆民は九月七日に病を推して堺を発し、途中三泊して九月一〇日に帰京、武島町の自宅に帰りました。病勢はますます悪化する一方で、咽喉部の腫物はいよいよ痛み出し、医師はあと二か月と診断しました。話ができないので石版に石墨で筆談するようになりました。それでも兆民はさらに病筆を揮《ふる》って『続一年有半』(一名『無神無霊魂』)の稿をつづけました。

「切開した気管の呼吸は奄々《えんえん》として、四肢五体は鶴の如く痩て居るが、一たび筆を取れば一瀉《いっしゃ》千里の勢ひである。令閨《れいけい》始め一同が、そんなにお書きなさると一倍病気に触りましやう、お苦しいでしやうと言ても、書なくても苦しさは同じだ、病気の療治は、身体を割出しでなくて、著述を割出しである。書ねば此世に用はない、直ぐに死でも善いのだと答へて、セッセと書く、疲れれば休む、眠る、目が覚めれば書くという風であった。」

この『続一年有半』は、兆民の哲学的見解の一斑を説き示したもので、古今東西の学説以外、宗教以外、別にナカエニズムとも名づけるべき一家のシステムをもっていた兆民が、他日これを詳述して一大労作を成そうと考えていた念願を、一冊の参考書もなく、病苦と戦いながら、短い日数の間にまとめあげたものだと幸徳は序文に書いています。

「精神とは、本体ではない。本体より発する作用である。働きである。」

「軀殼《くかく》(肉体)は、本体である。精神はこれが働き、すなわち作用である。軀殼が死すれば精魂は即時に滅ぶのである。」

肉体と精神の関係は、たとえば炭と炎、薪と火のような関係であると兆民は説いています。ここには唯物論が明白に語られています。そしてここに明らかなことは、兆民の唯物論は根源的には精神と身体との関係から見られたもの、生理学的唯物論であって、主観と客観との関係から見られた認識論的唯物論、あるいは世界の本体または存在そのものが物質であるという宇宙論的唯物論、または存在論的唯物論はすくなくとも第一次的なものとしては考えられていません。

しかし、兆民はまた、

「而して其本質（世界の本質——引用者註）は若干数の元素で有て、此元素は永久遊離し、抱合し、解散し、又遊離し、抱合し、解散し、此くの如くして一毫《いちごう》も減ずる無く、増す無く、即ち不生不滅である。草木人獣皆是物の抱合に生じ、解散に死するので有る。」

といって、存在論的唯物論、すなわち原子論的唯物論を主張しています。

兆民はさらに

「客観とは、外間現に其物が有て、其影象を吾人の精神に写し来るので有る。」

といって唯物論的認識論（模写論）をも忘れません。

精神は肉体と共に亡びるものであることを主張し、霊魂不滅を否定した兆民は、精神はこのように死滅しても、物質はかえって不滅であるとして、

「釈迦耶蘇の精魂は滅して已に久しきも、路上の馬糞は世界と共に悠久である。天満宮即ち菅原道真の霊は身死して輒《すなわ》ち亡びても、其愛した梅樹の枝葉は幾千万に分散して、今に各々世界の

何処にか存在して、すなわち不朽不滅である。」

といっています。

兆民はまた、

「不朽不滅の語は、宗旨家の心に於ては如何に高尚に、如何に霊妙に、如何に不思議かは知らないが、冷澹《れいたん》なる哲学者の心には、是れは凡そ実質皆有するところの一資格で、実質中不朽不滅で無いものは一も無い。」

といい、不朽不滅ということは哲学者の立場からすればなんら特別の価値のあるものではない、これは観念論者（虚霊派哲学士）の言語的泡沫であるといいきっています。

兆民は徹底的な無神論者で、多神論をも一神論をも共に否定しています。

「神に至ては、其唯一たると多数たるとに論なく、其非哲学的なる尤も甚しと曰はねばならぬ。」

と断言しています。

多神論について兆民は、

「即ち太陽、太陰、其他山川、霊物等を神として、之を崇拝し之を祭祀する等の如きは一噱《いっぎゃく》に直ひせぬ、論破する価値はないのである。」

といい、また
「若し夫れ古昔豪傑、及び国家に功有った人物、又は一宗派の開山たる祖師の如きも、之を祭りて自己敬愛の意を致すことは別に不便なことは無いが、禱祠《とうし》して霊験を求むるが如きは尤も謂《いわ》れ無いので有る。」

といっています。

兆民は一神論については、これを主宰神と神物同体説にわけています。

主宰神の説というのは、有神論であり、神が人間をつくったという造物神の説です。これは宗教家が文化水準のひくい人々を済度するための方便としては、稍《や》や恕《ゆる》すべきですが、一切の方便を認めないで、唯真理を追求する哲学者がこのような無意義非論理なうわごとをとなえて、いかにも大家のような顔をしているのは全くおどろくべきことだと兆民は断言します。兆民は、この造物神は画家の題材にはなっても、哲学者にはふさわしくないともいっております。

汎神論のことを兆民は神仏同体説と呼んでいます。この説をなす人は、神はただ一つといいますが、これは無神論と同じことです。なぜなら、その神とは、無為無我で、ほんとうはただ自然の道理というのにすぎません。ただ宗教に根本的に影響せられている哲学者だけが、神物同体説を排斥しています。

排斥するのはあたりまえで、宗教家の信ずる唯一神説の「神」はまさしく造物主のことであるからです。

兆民は、時間空間の無始、無終、無辺、無限について、

「世界は無始無終である、即ち悠久の大有である、又無辺無極である。即ち博広の大有である。」

といっています。

兆民はまた、

「客観とは、外間現に其物が有て、其影象を吾人の精神に写し来るのである。」

といって唯物論的認識論（模写論）を展開していますが、兆民は主観と客観の対立関係について、純粋に主観的なものはないし、純粋に客観的なものもないといい、

「繰返していうが、世の中に純然主観的なものも実に少い。純然客観的なものも実に少い。万物みな客主相映じて、二つの鏡のあいだに何のさえぎるものもない（繊影無きが如し）のである。」

といっています。

主観的なものと客観的なものとの矛盾した対立のまんなかが何ものであるかを兆民はつかんでいたのです。

ヘーゲルならば、そこには移行がある、媒介があるといいあらわすであろうところを、兆民は客観主観相映じ合っていて「繊影」一つないほど融合しているといいあらわしたのです。兆民はたんに機械的な唯物論者でなくて、現実を現実としてすなおに把えることに努力した人、弁証法の人だったと見ることができましょう。（三枝博音『日本の唯物論者』）

　『続一年有半』は、明治三四年一〇月第一版刊行以来、版を重ねること一七版という盛況でありました。こうしてその年の一二月一三日、兆民は病更ってついに東京小石川の自宅で永眠しました。

兆民死す

一四日の午後、親戚浅川範彦、葛岡信虎、友人小島竜太郎、門人初見八郎、原田十衛、幸徳秋水等は、兆民の遺骸を大学病院に送り解剖に付しました。これは生前の故人の遺言によったものでした。山極医学博士は解剖の結果、所見を述べて、最初、喉頭ガンとのことでありましたが、解剖によると全く咽頭ガンで、喉頭は食道のガンのため圧迫せられて呼吸を妨げたのだということがわかったと説明しました。

解剖がおわったこの夕、人々は兆民の遺骸を棺におさめました。人々はその頭を抱き、幸徳はその両脚をもちあげました。囲繞《いにょう》する男女の人たちの歔欷《きょき》の声が室内に満ち、幸徳も涙滂沱《ぼうだ》として、暗中に入って声をあげて哭《な》きました。

竹内千美（兆民の長女）の思い出によると、

「父が亡くなりましたとき、門弟の幸徳さんが男泣きに慟哭《どうこく》していたことを私は今でもあざやかに憶えております。弟の丑吉が、幸徳さんのありさまがあまりすさまじいのを、近くで不思議そうに眺めていました。私はその丑吉を見て何という子だろうと思いました。」

兆民の遺言によって一切宗教上の儀式を用いず、一七日午前九時自宅出棺、青山斎場で知己友人

兆民の遺影

によって告別式（これが日本における告別式の第一号）が行なわれ、板垣伯、石黒伯、浜尾新、大石正己、林有造、片岡健吉、箕浦勝人、山田喜之介、石田貫之助、大井憲太郎、頭山満、柴四郎、栗原亮一等をはじめ旧門下生等五百余名が参列、板垣伯の弔辞、大石正己の追悼演説、門下生総代野村泰淳の弔辞があり、式が終わって直ちに落合火葬場に送って遺骸を茶毘《だび》に付しました。

『兆民先生』

「寂寞北邙呑涙回　斜陽落木有余哀
音容明日尋何処　半是成煙半是灰

寂寞たる北邙《ほくぼう》涙を呑んで回る　斜陽落木余哀あり
音容《おんよう》明日何《いず》れの処を尋ねん　半ばは是れ煙りと成り半ばはこれ灰となる

思いおこせば去年、わたくしが、兆民先生の遺骸を城北の落合村の火葬場に送って、茶毘《だび》に付したときは、ちょうど初冬のころで、見わたすかぎりの曠野《こうや》に、風がつよく、草が枯れ、目にうつるものすべてが凄惨《せいさん》な感じで、万感が胸にこみあげてきて、立ち去ろうと思っても、なかなか立ち去れず、しょんぼりと人力車に身を託して、家にかえった。この一首の悪詩は、ほかでもない、その当時、車上の口ずさびからうまれたものである。ああ、すぎ去っていく者は、こんなにはかないものなのか。早やここに五か月たって、枯木のさびしい景色が、一変して、緑陰にホトトギスの声を聞く季節になった。いまや、また兆民先生を記述するものが、いくたりいるであろうか。」（神崎清訳『兆民先生』）

兆民の亡くなった翌年の五月、博文館から刊行された幸徳の『兆民先生』の書き出しは右のような文章ではじまっています。幸徳は一八の年に先生の門にはいり、爾来十余年間、その教養撫育の恩を深く心に銘じている先生に、まだ万分の一のご恩がえしもできないのに死別の悲しみに遭う遺憾のおもいを述べ、また兆民先生があれだけの高い才能をもち、すぐれた頭脳に恵まれながら、しかも、世に迎えられず、半生を失意と放浪のうちに老い、絶代の経綸をいだいたままで、その五尺の体と共に、ニッコリ笑い、空しく灰と化しても、後悔しないとまで先生に思わせたのは、はたして誰の罪であるのかと先生のためになげき、禿筆《とくひつ》をとって描いたのは、伝記であるか、伝記ではない、評論か、評論ではない。弔辞か、弔辞ではない。ただわたくしが、これまで見たところの先生にすぎない。わたしが今見つめている先生にすぎない。わたくしの無限のかなしみにすぎない。わたくしの無窮の恨みにすぎない、と述べています。

『兆民先生』は秋水の観た兆民先生の印象記ともいうべきものであり、秋水の生涯の友であった小泉策太郎（三申）が評したように、

「全篇恩師を追慕する無窮の悲恨を含み、文章亦已に一家の風格を具へた後の筆に成り、今にして之を読み直しても、真情惻々《そくそく》として人を動かす佳篇《かへん》である。」

といわれています。

第四章　幸徳の社会主義思想

——明治思想史上における位置

明治思想史の上での幸徳の位置

兆民の唯物論を発展させる

さて、明治思想史の上での幸徳秋水の偉大な功績は次の点にあると思います。中江兆民の自然主義的唯物論にとどまらず、それを社会現象の領域に発展させたことです。唯物論一般が意識を存在から説明し、存在を意識から説明するのでないと同じく、人類の社会生活については、唯物論は社会的意識を社会的存在から説明します。この点に着目することができたことは幸徳の大きな功績であります。

資本主義の否定

さらに中江兆民は官憲と結託して利益を壟断する特権的政商の存在を「虚業家」または「悪業家」として、市民的立場から排斥しましたが、しかし、実業家、事業家も、彼が資本家である以上、勤労者を搾取して余剰価値を獲得する存在であることを理解できず、資本主義の機構や制度を否定するものではありませんでした。幸徳の場合は、すでにこの資本主義そのものについて、次のような認識に達していた点で兆民の場合と異なります。

「……昔、生産機関を所有する者は、みなその生産物を所有していた。そして、これは、うたがいもなく、彼ら自身の労働の結果であるがためであった。そして、今の生産機関の所有者もまた、その生産物を領有している。けれども、見よ。その生産物は決して彼ら自身の労働の結果でなくて、ほんとうは他人の生産するところではないか。さよう、今の労働は協同的である。今の生産は、社会的である。また一個として、これは自分の生産物であるといえるものがない。しかも、これらの生産は、その生産者によって社会的に共有されることがなくて、昔のように、ただ個人のために所有されている。ただ、いわゆる地主・資本家という個人のために所有されている。これはどう考えても一大矛盾ではないか。さよう、大矛盾である。そして、わたくしは信じている。現在社会のいっさいの害悪は、実にこの矛盾に胚胎してきたことを。」（『社会主義神髄』神崎清訳）

「我は社会主義者也」

こうした幸徳の思想的発展は、さらに従来の自由党左派が主張した地租単税論（地租のほか一切課税を廃するという説）にたいしては、幸徳は地主全廃土地公有論をとなえ、資本家の側からの労働者保護論にたいしては、自ら労働者の政党結成の必要をとなえて、これを実行し、対外硬、国権更張をとなえる自由党人にたいしては、帝国主義反対、軍備全廃をとなえました。中江兆民のもとにあってブルジョア民主主義の教化をうけた幸徳は、時代とともに、「我は社会主義者也」と宣言し、天下公衆に向かつて堂々と社会主義者であり、社会党であることを公然と宣言する真摯《しんし》と熱誠と勇気のある人でなければ、労働運動の前途を託するにたりないと論じるまでに成長したのです。

『二十世紀の怪物帝国主義』

「非戦争主義」　これより前、幸徳は当時の専制政府が国民に「臥薪嘗胆《がしんしょうたん》」を強い、近い対露戦を明確に意識して、軍備拡張と軍国主義の鼓吹につとめているのにたいし、朝報紙上で平和論、非戦論をとなえ、資本の膨脹にもとづく欧州の帝国主義にたいし、資本の薄弱な、そして軍部によって補足代位されている日本帝国主義を「軍人的帝国主義」「空威的飴細工的帝国主義」と痛罵しているのは注目に価します。

すなわち、一九〇〇年（明治三三）の北清事変勃発にさいして、八月七日の『万朝報』紙上には、「非戦争主義」と題して、世の平和論者や非戦争主義者はなぜ今日において平生の主張を叫ばないのかとなげき、

「嗚呼我等平和論者、非戦争主義者は何ぞ多数兵士の苦境を説かざるや。三伏の炎暑に曝《さら》され一杯の水にだもあくこと能はず、喘々《ぜんぜん》として弾丸雨飛の下に奔《はし》る、宛たる餓鬼道、焦熱ぢごく、刀山剣樹に駆逐せられて、忽《たちま》ち望郷の幽鬼となる、而して世人が其姓名を記憶すること幾日ぞや、あ、彼等果して何の罪業ぞ。」

この調子で、「何ぞ軍人遺族の悲惨を説かざるや」「何ぞ戦地人民の不幸を説かざるや」「何ぞ一般社会の損害を説かざるや」と順次に説いてきて、世人は皆、国威と名誉の発揚をよろこんでいます。一般人間の不幸と一般社会の損害とがその極に達して、「人をして惨鼻に堪《たえ》ざらしめて」その上に買い得た国威の名誉とは、これはたして人生の目的でありましょうかと問いかけ、我々万民の膏血をもつて数個の宰相、数個の将軍の朱紫を飾るものが、はたして文明の目的でありましょうかと叫んでいます。さらに、

「世人皆な戦争に酔ひ、戦争に狂し、国威の二字に随喜し、名誉の二字に眩惑《げんわく》せるの時に際して独り平和を説き非戦論を唱ふる、必ずや目するに迂愚《うぐ》を以てせられ、罵《ののし》るに怯懦《きょうだ》を以てせられ、責むるに非愛国、非忠君、大逆無道を以てせられんことを恐るれば也。然り罵られ責めらる、真に如是《かくのごと》き者あらん。而も其所信をまげ主義をすて、徒らに流俗にこぶる如きは、吾人は其甚だイクヂなきをわらはずんばあらず。」

と主張し、一八一二年に英国がアラビ＝パシャの乱に干渉して、亜歴山港《アレキサンドリア》を砲撃したとき、ジョン＝ブライトが決然と辞表を提出し、議会に演説して、その不正を喝破した例をあげて、英国の今日の発展の根拠をここにもとめています。

日本の帝国主義

さらに一一月七日の論説では、主として欧州の先進帝国主義諸国とそれに追いつこうとする日本の低劣な「空威的飴細工的帝国主義」との比較論を次のように展開しています。

「然り欧州の帝国主義は其国力の膨脹也、少くとも其資本の膨脹也、其行為の是非と其結果の利害は兎に角、之れ有りて而して後初めて帝国主義なる者は公言せらるるを得べし。而して我日本が其外交は無能、其財政は困迫、其の資本家と経済市場は萎靡《いび》困頓《こんとん》を極むるの今日に於て、如何に陸海軍備のみを振廻して帝国主義を主張するも、此主義や国民的に非ず、資本家的にも非ず、単に軍人的帝国主義に過ぎざらんのみ、空威的飴細工的帝国主義に過ぎざらんのみ、今や国民を挙げて此空威に心酔し此飴細工に眩《げん》す、国家前途の為め寒心の極に非ずや。」

『二十世紀の怪物帝国主義』

こうした幸徳の帝国主義論、日本帝国主義批判はまとめられて、明治三四年四月、『二十世紀の怪物帝国主義』と題して公刊されました。

内容は、「愛国心を論ず」「軍国主義を論ず」「帝国主義を論ず」の諸編より成り、まず列強帝国主義政策の原因が資本制生産特有の過剰生産にあること、その結果が市場の争奪、軍備拡張、帝国主義戦争にと発展していくことを明らかにし、最後に多数人民の困厄《こんやく》、飢餓、罪悪の上に築かれた帝国主義没落の必然性を説いています。

『二十世紀の怪物帝国主義』の表紙

ちなみに、イギリスの経済学者J＝A＝ホブスンの『帝国主義』が現われたのが一九〇二年（明治三五）、ルドルフ＝ヒルファディングの『金融資本論』が現われたのが一九一〇年（明治四三）、レーニンの『資本主義最後の段階としての帝国主義』が一九一六年（大正五）に書かれていますが、幸徳の『帝国主義』論はいちばん古い一九〇一年（明治三四）の発行であり、それなりの時代的制約をもっています。すなわち、帝国主義を近代資本主義発展の特定段階として理解するのでなく、軍国主義と愛国心を二つの軸として考えられています。同時に日本の帝国主義の後進性を指摘して「軍人的帝国主義」と特徴づけたことは当時として卓越した見解であったということができましょう。

「社会主義の根底」など

『長広舌』　一九〇二年（明治三五）二月、幸徳は人文社から論文集『長広舌』を発行しました。この書の中核をなすものは、その社会主義に関するシリーズでありましょう。「十九世紀と二十世紀」「革命来る」の冒頭につづけて、「破壊主義乎乱民乎（社会主義の実質）」「金銭を廃止せよ（社会主義の理想）」「胃腑の問題（社会主義の急用）」「近時の労働問題（社会主義の適用）」「社会主義の衰運（社会主義の好望）」——の各項にわけて論じ、帝国主義の破滅とそれのもたらした惨禍と害悪を救済するものとして、社会主義の必要とその必然とを説きつつ、社会主義そのものについての世人一般の理解を深めようと試みたものでありますが、さらに注目されるのは「社会主義の根底」という幸徳の研究報告であります。

朝報社講演会　一九〇三年（明治三六）四月八日付の『万朝報』の紙上に、「朝報社講演会を開くに就て」という一文がかかげられています。

「人は物質に富む如く思想にも富まざる可からず、社会も物質的に進むと共に思想的に進まざる可からず、思想の伴はざる進歩は危殆《きたい》なり。否、多くの場合に於て思想は物質の教導者なり、思想富まざれば物質富まず、思想進まざれば物質進まず。吾人は此意味に於て思想を以て世を啓発せんとする者なり、然れども時事問題に重を置く可き日刊新聞の紙面は、思想のみを単独に発表する可からざる場合あり、又思想は之を筆にするよりも之を口にする方、大に委曲を尽し得る場合多し、是に於てか吾人は一の講演会の必要なるを感ず（中略）

吾人は今月より朝報社講演会なる者を開かんと欲す。其の仕組は左の如し。

一　会場は京橋区数奇屋見付内（麴町区有楽町）数奇屋橋教会を其都度に借受くる事

一　来聴者は聴料十銭を納む可きこと

一　毎月第二、第四土曜日の午後六時半より開壇の事

一　講演者は多く朝報社中の人なりと雖も社外同志者の来演を請ことある可し

会場の教会堂たるが為に、宗教的の意味ある講演なりと思はゞ誤解なり、凡そ吾人の思想に上る所の者は、文学、科学、哲学、宗教、社会、政治、風俗、経済、其の何たるを問はざるなり、別に講演会の総体に通じたる主義あるに非ず、主義は言説の責任と共に個々の講演者其人に在る可し。（下略）」

この講演会はいつまでつづいたかは不明ですが、四月二一日からはじまって、六月二七日の第六回までの講演の速記を、朝報社で印刷に付して公刊した『朝報社有志講演集』を筆者は第六輯《しゅう》まで

見ることができました。その中で、幸徳は、内村鑑三、堺枯川、黒岩涙香、斯波貞吉、木下尚江、などと共に次の三回に出演しています。

社会主義の根底（明治三六、四、二五　第二回講演会第二席）
同盟罷工の話（同年、五、二三　第四回講演会第二席）
サン＝シモンの伝（同年、六、二七　第六回講演会第二席）

「社会主義の根底」

「社会主義の根底」は、同年八月二四日発行の『朝報社有志講演集』第三・四輯合刊に掲載されましたが、同一文章が、同年五月一〇日発行の『中央公論』第一八年第五号に「社会問題の帰趨」と題して掲載されており、両者の相違点は、『講演集』には『中央公論』にない上欄の見出しとルビがついているだけです。またこの論文は後に紹介する『社会主義神髄』の第三章「産業制度の進化」と同文ではないが、同一内容であります。この事実から、これを講演した頃、幸徳が『神髄』を執筆中であったことが推測され、同一趣旨をこのようにくりかえし発表しているのをみると、幸徳がこのテーマをよほど重視していたことが想像されます。

「社会主義の根底」は、カール＝マルクスの唯物史観の要約であり、わが国で唯物史観を紹介したおそらくは最初の研究ではないかと思われます。この研究で幸徳はまだ進化論的ではあるが、一応「唯物史観」の立場に立って社会の経済的発展の諸法則を明らかにし、資本主義社会没落の不可避性を証明しようとしています。

幸徳はまず劈頭《へきとう》にマルクスを引用して、有史以来一切の社会組織なるものは経済上の生産および分配の方法が、之が基礎たるものであり、政治や学芸や其他インテレクチュアルの歴史は皆この基礎の上に建ち、ただこの基礎よりしてはじめて解釈し得るのである。(『経済学批判』の序説の意訳か?)といい、現在の生産分配の方法は如何、またこれをどうあらしめるべきかが社会問題解決の鍵であるといっています。

「世に現在の生産分配の方法、即ち所謂資本家制度を以て、常住不断の組織と信じ、過去も現在も如此くで将来も亦此くなるべしと信ずる人が尠くない、是等の人は全く社会進化の理法を解せぬ瞶々者流で早晩非常の失望驚愕に陥らねばならぬ。

蓋しヘラクリタスは曰く万物は皆な流れ去ると、孔夫子は曰く逝者《ゆくもの》如斯《かくのごと》しと、宇宙の万象は尽《ことごと》く是れ新陳代謝の鎖に過ぎぬ、其本末相続き因果相受け、小車《おぐるま》の端なく転々し化々する幾億万年、曾て一微の常住もなければ、一忽の不断もないのである、独り産業の組織に於て此進行の大法則を脱し得ることが出来るであろう乎、論より証拠、古代の歴史は明白に現時の経済組織が、唯だ一時過渡の事象に過ぎないことを吾人に説明している。」

古来、幾多の社会組織が盛衰興亡してきたのは、実にその基礎たる産業方法の進行し、革命せるによるものであるとして、その変易のあとを大別して次の四つの時代にわかっています。

一、共産制の時代

二、奴隷制の時代

三、封建時代

四、現時の資本家制度

次にこの四つの時代についての解説がなされていますが、その中で、フリードリッヒ＝エンゲルスが引用され、また『共産党宣言』などを参考にしたのではないかと思われる叙述もあります。幸徳は結論として社会主義的制度の来るべき必然性を説いて次のようにいっています。

「……故に労働者は直に彼等より其生産を恢復せざる可からず、於是乎《ここにおいてか》労働組合は益々彼等に対して団結を強めて来る国家の干渉、非ツラスト立法の必要は到る処に叫ばれる、資本家制度の弊毒は今や極度に達して、正に一転の機会を待ちつつあるは今日欧米の実状ではない歟、予は遠からずして更に産業的大洪水の天に滔《とう》するを疑はぬのである。次で来る者は何ぞ、言ふ迄もなく生産の機関を資本家の専有より奪うて、社会公共の手に移すものでなければならぬ、社会協同の生産物を資本家の手に堆積せずして、社会公共の必要に供するものでなければならぬ、換言すれば即ち社会主義制度でなければならぬ。」

「社会主義の希望は空想でもない夢想でもない、古来歴史の進化する所以の理法は現時の社会が到底之に帰着する者なることを示している、之に忤《さから》ふ者は亡び、之に順《したが》ふ者は昌《さか》ふ、予は将来の社会問題解決に任ずる者は、一に此方針に従ふの外なきを信ずるのである。」

日本における唯物史観の紹介としては、河上肇訳のセーリグマンの『歴史の経済的説明——新史観』が明治三八年、平沼淑郎訳『ローリア・社会の経済的基礎』が明治四二年、また藤井健治郎による「唯物史観」が明治四二年、山路愛山による「唯物的歴史観」が明治四五年に現われていますが、藤井、山路の研究は、唯物史観を説明したものではありますが、両者共に主張ではなくて批判したものです。その意味で、幸徳の「社会主義の根底」は、わが国の唯物史観研究史でいちばん古い部類に属するのではないでしょうか。

地主全廃
土地公有論

国会開設前後から明治三〇年代にかけてさかんに問題となった地租軽減や地価修正は、地主を利する問題ではあっても小作人には何の利益もありませんでした。明治三〇年代になると産業ブルジョアの立場からする地租増徴論（田口卯吉のような地租増徴論者や、C＝E＝ガルストのような単税論者）が出現して、地主保護論者との間に論争が行なわれたりしましたが、小作農民の立場に立つものとしては、一九〇一年（明治三四）五月一八日に結成された社会民主党の理想綱領の四ばん目に、「生産機関として必要なる土地の公有」がかかげられ、行動綱領の（一七）には、「小作人保護の法を設くること」が一応かかげられた位で、別に小作人側の立場を代表した論議といっては見られませんでした。そうした意味で明治三六年四月刊行の円城寺清『地租全廃論』の付録に収められた批判論文、幸徳秋水の「地租全廃論を読む」は、地租軽減——全廃論の階級的本質を正しくも看破して、土地公有——地主全廃論をとなえたものとして注目すべきものであると思います。

幸徳は、まず地租軽減ないし全廃論を批判し、その本質を看破した上で、近頃、中等農民の数がだんだん減って、貧富の懸隔がますますはなはだしいのは、かならずしも地租が苛重なためではなく、その原因は別にあるといっています。

幸徳の説によりますと、中等農民の減少の急速なのは、大地主の土地兼併の勢いがはげしいためであり、大地主がこのように兼併につとめるのは、大地主の負担が重いからではなく、その収益が確実で、大きいからではないかというのです。

また、小作人についていえば、彼らは地租の負担を有せず、一に消費税の負担に苦しんでいるのです。消費税が高いのでますます窮乏におちいる、その上に小作料が高くなる、大地主は坐ながらに土地を兼併して巨利を得る——これが現状ではないでしょうか。

今日、日本の水田の二分の一は、すでに徒手遊食の地主という寄生虫のものになっています。もし将来、地租の全廃もしくは軽減を見たならば、他の二分の一は、これらの徒手逸居《いっきょ》の地主を富ましして、その兼併を助長するだけのことです。この点は深く省慮すべきところではないかというのが幸徳の円城寺を批判する要点です。

幸徳は結論として、

「吾人は速に地主全廃の大運動を開始すべきのみ、土地公有の大運動を開始すべきのみ、農民全体の根本的救済法は唯だ是れあるのみ」

と強調しますが、当時まだこの大運動を組織すべき社会的勢力の成熟を見いだし得なかったため、その実行方法として、

「予は今後地租賦課の方法の率を改更して更に大地主の負担を増加し、以て彼等征伐の第一着手となさんとす」

という程度にとどまらざるを得ないのでした。

「同盟罷工の話」

一九〇三年（明治三六）五月二三日、朝報社の第四回の講演会では幸徳は「同盟罷工の話」という題で講演を行なっています。その要旨は、同盟団結の言葉を今の政府や貴族や資本家が忌み嫌うのは、労働者の同盟罷工は彼らの死命を制するからです。同盟罷工の惨害を避けようとするならばその原因と真相とをきわめねばなりません。罷工の原因は社会主義者や労働組合の扇動ではなくて、資本家の暴圧にあります。だから日本のように警察権を用いて罷工を弾圧するのは決して罷工を防止する道ではありません。もし今の政府や貴族や資本家

が、将来を憂えて罷工の起こるのを避けようとするならば、その方法は三つあります。第一には労働組合の公許です。第二には仲裁裁判を設けることです。第三には社会主義を実行し、いわゆる資本家という階級をなくして、天下万民をあげて労働者となし、労働の結果である富を尽く労働者の物とするならば恐るべき同盟罷工の惨害は過去の夢となるでしょう。

つづいて同じ年の六月二七日、朝報社の第六回講演会で、幸徳は「サン＝シモンの伝」という報告を行なっています。これはフーリエー、ロバート＝オウエンと共に、マルクス出現以前の空想的社会主義者として有名なサン＝シモンの生涯とその学説を解説したものであります。

『社会主義神髄』

社会主義の「鳥眼観」　一九〇三年（明治三六）七月に刊行されて、その年の一一月までにたちまち六版を重ね、当時のベストセラーとなった幸徳の『社会主義神髄』（朝報社、東京堂、後に由分社）は、イリー原著『社会主義と社会改良』を下敷に、マルクス・エンゲルスの『共産党宣言』『資本論』『空想から科学への社会主義の発展』などのマルクス主義の基本古典、それにカーカップ、モリスなどの社会主義の概説書を参酌しつつ、要約的にまとめあげたもので、本書の目的は、読者に「社会主義」というものの「鳥眼観」を与えることにあるとされています。自序の中で幸徳は次のような意味のことを述べています。

「社会主義とは何か——これは、わが国民が、きそって知ろうと思っている問題のようです。そしてまた、ほんとうに知らなければならない問題です。わたくしは、わが国における社会主義者の一人として、これを国民に知らさなければならない責任を痛感するがゆえに、この本を作りました。

ちかごろ社会主義に関する著書、訳書の公刊されるものは、たいてい社会主義者でない者の手になり、往々にして独断にながれ、正しい的をはずれています。そうでないものでも、あるいはわずかにその一部を論じ、あるいは単に一面を描くにすぎません。そして分量の多いものは、煩瑣、冗長にすぎ、簡単なものはまた、要領をえないという欠点があります。そこでわたくしは、本書において、つとめて枝葉をとりさり、細節にこだわらないで、一見してその大綱を理解し、要義に透徹させることをくわだてました。まだ社会主義の何であるかを知らない世間の人が、これによって、いわゆる「鳥瞰図」をつかむことができるならば、この上もないしあわせでありま す……」

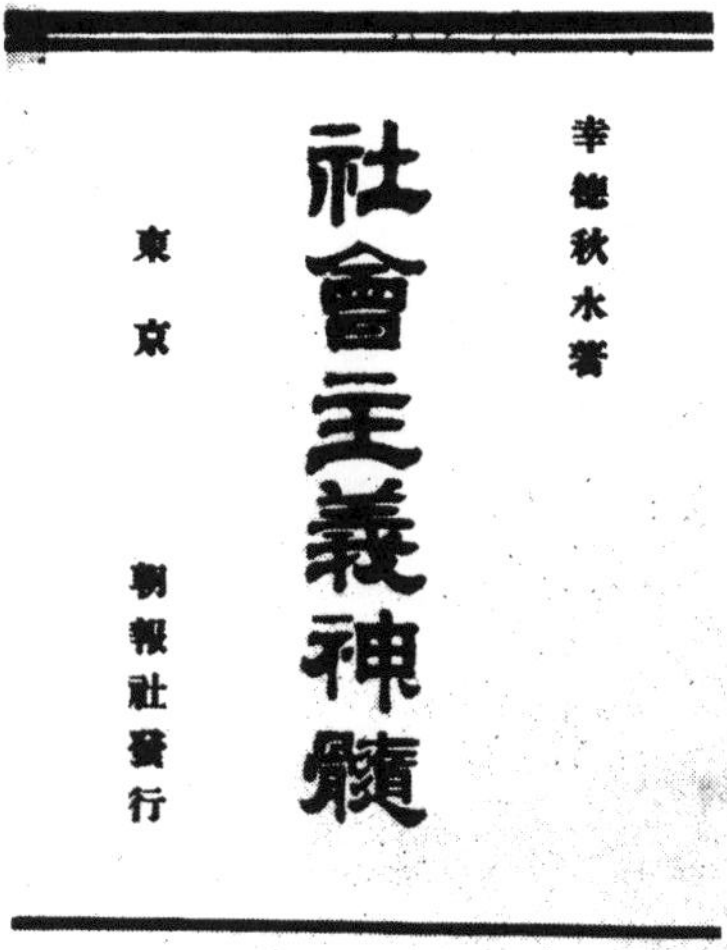

『社会主義神髄』の表紙

内容

『社会主義神髄』の本文は、七章からなっています。まず第一章「緒言」において、「殖産的革命」（産業革命）によって生産力の飛躍的増大がみられ、「近世文明の美華・光輝」が「壮観」のありさまを呈していますが、その反面に、内部的矛盾がますます増大し、「人類の苦痛や飢凍や、日は一日より急」という大衆の窮乏、中小企業の破滅という社会的矛盾が拡大し、富の蓄積の対極に貧困が蓄積されました。偉大な産業革命の結果は、人道、正義、真理に合するところがないのでしょうか、「豈《あ》にこれ真理ならんや、正義ならんや、人道ならんや」「嗚呼、噫、誰か能くこれを解決する者ぞ」と問題を提起します。

第二章では資本主義社会の病源である大衆貧困のよって来る原因を追及し、それが一部少数資本家の手に生産手段が独占されていることにその根源があることを発見し、生産機関の社会的公有の道こそ社会問題解決の鍵であり、近世社会主義、一名科学的社会主義の骨髄であると説きます。

第三章「産業制度の進化」では、マルクスの唯物史観の公式（『経済学批判序説』）より説きおこして、原始共産制社会、奴隷的社会、封建制社会、資本主義社会へと人類社会の発展を産業制度の変遷の上から概説し、次いで資本主義社会の分析にはいり、資本家階級と労働者階級の「階級闘争」「資本の集中」、生産の無政府状態からくる恐慌の周期的爆発と工業的予備兵（すなわち産業予備軍）の発生を、この社会の基本矛盾としてあげています。そして「ヴァリュー」を「価格」と訳す不十分さはありますが、商品としての労働力が価格（じつは「価値」）を創造することを指摘し、「剰余価値」学説を簡単ながら説明しています。つづいて過剰生産恐慌より、資本の集積と蓄積、企業の集中が「同業者大同盟」「ツラスト」という形をとって発展し、世界各国の産業は、ほとんどツラストの独占統一に帰し、そして独占資本主義の段階では、社会的生産と資本家的領有の矛盾がその極点に達します。

社会的生産組織の発達は、ついに少数資本家階級の存立を認許できない点にまで達したのです。一面では、資本家的個人領有の制度がもはやこれらの生産力を支配する能力がないことを示すと同時に、他面において、これらの生産力それ自身もまた無限膨大の力の威圧をもって、現時制度の矛盾を排除しつくそうとしているのです。これこそ一大転変の運に向かい、一大破裂の時に瀕したものではないかと結んでいます。

第四章以下は社会主義の説明に筆をすすめています。まず第四章「社会主義の主張」においては、イリーの著書『社会主義と社会改良』に拠って、社会主義の「四個の要件」を指摘しています。それは、第一「物質的生産機関、即ち土地資本の公有」、第二「生産の公共的経営」、第三「社会的収入の分配」——ここで「分配の公正」を期するために、分配の標準を四種にわかち、著者自身は「吾人の必要に応じて給与する」説を理想としています——、第四「社会の収入の大半を以て個人の私有に帰すること」であります。社会主義は実にこれらの要件の実現をもって、社会産業の歴史的進化における必然の結果とするものであります。

第五章「社会主義の効果」では、あたかも『共産党宣言』を思わせる筆法で、社会主義にたいする非難や誤解にたいし、反駁と解明を試み、「社会主義は、衣食の競争を去って、智徳の競争を現ぜんと欲する也」と強調しています。そして筆をすすめて、「社会主義は、現時国家の権力を承認せざるのみならず、更に極力軍備と戦争とを排斥す」と結んでいます。以上のように社会主義の必然性と、その優越を説いた後、社会主義実現の具体的方策を述べているのが、第六章「社会党の運動」です。

「社会の歴史は革命の記録也、人類の進歩は革命の効果也」とはっきり書いていますが、「革命は天也、人力に非ざる也。利導すべき也、製造すべきに非ざる也」という考え方には、多分に自然成長性への屈服、目的意識性の不在が感じられます。幸徳は革命を容易かつ平和に成就させるため、日本における具体的方針として普通選挙運動による議会主義をあげています。ここには革命的階級としてのプロレタリアートの歴史的使命について一言も語られていないことが特徴的です。そして、

「夫れ文明の邦、立憲の治下に於て、社会の与論一たび我に帰し、政治の機関、亦我手中に帰するに至らば、兵馬の力もこれを如何せんや、警察の権もこれを如何せんや、而して富豪の階級亦竟《つい》にこれを如何ともすることなけん。社会主義的大革命が、正々堂々として、平和的に秩序的に、資本家制度を葬り去って、マルクスの所謂『新時代の生誕』を宣言することを得るは、猶ほ水到って渠成るが如けん也」

と見通しはきわめて楽観的です。

第七章「結論」では、社会革命と社会党運動の歴史的必然性を力説し、「社会主義は驚嘆すべき救世の教義也」というエミール＝ゾラの語を引用し、世界人類の平和を愛し、幸福を重んじ、進歩を希う志士仁人は起って社会主義の宣伝と実行に力めよと結んでいます。幸徳が志士仁人という時、

彼は孟子のいわゆる「忍びざる心」、民衆の幸福を第一とし、他人の不幸をじっと諦観しておれないような愛情で、カール＝マルクスの社会主義をうけとめたのです。

もともと彼の社会主義思想への下地になったものは儒教によって少年時代から教えられた治国平天下の思想であり、彼が英国人でもフランス人でもなかった以上、明治日本の知識人としてこういう士大夫的エリート意識から一挙にときはなたれることもできなかったのであろうと思われます。

また本書をつらぬく思想が進化論を社会の領域に適用したものであることは、たとえば第六章の次の個所を読めば明瞭です。

「……社会の状態が常に代謝して已《や》まざるは、猶ほ生物の組織の進化して已まざる如し。而して其進化や代謝や若し一たび休せる時は其生物や社会や即ち絶滅あるのみ。永久の生命は必ず暗裡《あんり》に進化す、決して常住を許さざる也、社会の状態は必ず冥々の間に代謝す、決して不変を許さざる也」

しかし、幸徳はさらにつづけて、

「而して這《こ》の暗冥なる進化代謝の過程に於て、毎に明白に其大段落を劃し、新紀元を宣言する者、則ち革命に非ずや。之を譬《たと》ふるに歴史は一種の珠数に似たり、平時の進化代謝は小珠也、革命は数取りの大珠也、進化代謝の連続なると同時に革命の連続たる也」

という時、彼が一般的な社会進化論を乗り越え、進化と革命との弁証法、漸次性の中断、量から質への変化の弁証法へと接近していることを示しています。
以上が『神髄』の内容の概略です。

社会主義と天皇

付録五編（「社会主義と国家」「社会主義と直接立法」「社会主義と国体」「社会主義と商業広告」「社会主義と婦人」）は本文の補論の役割をはたしているが、その「社会主義と国体」の中で、幸徳は、社会主義と日本の天皇について、次のように述べています。

「……社会主義は、社会人民全体の平和と幸福とを目的とするのであって、決して君主一人の為めに図るのではない、故に朕は即ち国家なりと妄言したルイ一四世の如き極端な個人主義者は、元より社会主義者の敵である、衆と偕《とも》に楽しむと言った文王の如き社会主義者は、喜んで奉戴せんとする所である、而して我日本の祖宗列聖の如き、殊に民の富なりと宣《のたま》ひし仁徳天皇の大御心の如きは、全く社会主義と一致契合するもので決して、矛盾するものではないのである、否な日本の皇統一系連綿たるは、実に祖宗列聖が常に社会人民全体の平和と進歩と幸福とを目的とせられたるが為めに、斯る繁栄を来たしたのである、是れ実に東洋の社会主義者の誇りとする所であらねばならぬ、故に予は寧ろ社会主義に反対するものこそ反って国体と矛盾するものではないかと思ふ」

これによると孟子の王道政治はイコール社会主義であり、民をあわれむこと子をみるがごとくであった日本の皇室は社会主義者で、社会主義に反対するものは、わが国体の精神に反するということになります。社会主義の啓蒙宣伝のためのある程度の戦術的配慮があったとしても、この国家認識では、まだまだ国家の階級的性質、日本天皇制の本質を認識していたとはいえません。

社会主義理論の礎石

四〇年後の今日の社会科学の水準から、本書の欠点をつくことは困難なことではありません。第一―三章における経済理論や社会経済史にたいする理解が浅いことは、当時における日本資本主義の未発達や、社会科学研究の未熟に原因があります。弁証法的唯物論が把握されていないために、社会進化論ないし自然成長論の傾向をもっていること、プロレタリアートの歴史的使命の認識を欠いていること等々。

しかし、幸徳がその当時において、資本主義社会の科学的分析にはじめて手をつけ、社会主義理論の礎石をすえ、その点で日本社会の歴史的要請にこたえた点で、本書の先駆的役割は高く評価されねばならないと思います。

第五章　日露戦争における平民社の非戦運動と幸徳

日露戦争と非戦論の戦い

戦争の危機せまる

日本が日清戦争の結果、中国から台湾をうばっただけでなく、中国中央部の遼東半島までもうばいとろうとしたことは、列強帝国主義の中国分割競争を刺激する結果を招きました。ロシア、フランス、ドイツの三国は口ばしをいれて、日本から遼東半島を中国に返還させましたが、それを機会にヨーロッパの強国は中国の分割をはじめ、ロシア、ドイツ、フランス、イギリスは、それぞれ租借地を手に入れ、鉄道の敷設権を獲得し、さらにぞくぞくとつくられた外国の銀行が、中国の経済を支配するようになりました。なかでもロシアとイギリスの中国にたいする古くからの競争がいっそうはげしくなりました。

一九〇〇年（明治三三）、義和団の反乱が北支那のちょうど鉄道のしかれていた地方一帯に起こり、ヨーロッパ諸国の進出によって失業した交通や運輸関係の労働者、苦力、手工業職人などが加わって排外的な運動となり、外国人やキリスト教徒にたいする反感がたかまり、地方の鉄道が破壊され、駅が次々焼き打ちされました。

帝政ロシアは、この機会にいちはやく出兵して満州の占領にとりかかりました。

満州をとられたのでは、自分たちの縄ばりが台なしになると、英、米、日の三国は、さっそく清国政府に抗議しました。日本の天皇制政府はさらに一歩をすすめて直接ロシア政府に抗議し、陸軍省は戦闘準備の調査をはじめました。

一九〇二年（明治三五）、アメリカの仲介のもとに日英攻守同盟が結ばれ、これにたいして帝政ロシアも同じ年に露仏同盟を結んで日英同盟に対抗しました。

こうして、満州問題は帝国主義外交の焦点となり、戦争の危機は異常に切迫しました。

木下尚江の「戦争人種」

一九〇三年（明治三六）五月、木下尚江は残陽生というペンネームで『毎日新聞』に「戦争人種」という題で一文をよせましたが、彼はその中で、

「不幸にして日本人は世界の好戦者なり、其の嗜好は剣を抜き血を流がすことに在り、其の技芸は城を踰《こ》へ人を殺すことに在り、之を以て日清戦争の凱歌を揚ぐることを得、又た之を以て北清事変の列国軍兵展覧会に先登の名誉を博せり、……『妖雲満州の天に動く』の一句は、瞬時にして四千五百万の民衆を駆って血に渇するの豺狼《さいろう》たらしむ。自ら誇って曰く挙国一致と、吾人は寧ろ其の思想の貧賤に歎息流涕せずんばあらず……」

と主戦論に総動員されてゆく日本国民の好戦主義にするどい批判をあびせました。

『万朝報』開戦論をとる

当時、幸徳秋水、堺枯川、河上清、斯波貞吉、石川三四郎らの社会主義者や、キリスト教界の名士内村鑑三が在社して、もっとも自由主義の色彩の顕著であった『万朝報』の紙上には、幸徳、堺、内村らの日露戦争に反対する主張がしばしば公表されていました。ところが一〇月八日、ロシア満州撤兵第三期となり、世上の主戦論者は急にその鼻息をあらくし、開戦はとうてい避けられないという形勢になったとき、『万朝報』もまたその日の夕刊において従来の態度を急変し、開戦論の主張を明らかにしました。社中の開戦論者としては、進歩党系の円城寺天山がその急先鋒で、社長黒岩周六（涙香）はついに営業政策の立場から社是の変更を余儀なくされたのでした。

『万朝報』退社

幸徳、堺の二人は、その夜、たまたま神田美土代町のＹＭＣＡ（キリスト教青年会館）でひらかれていた社会主義協会主催の「第一回非戦論大演説会」に出席していましたが、その席上で、万朝報社退社の決意を表明し、翌一二日の『万朝報』紙上に、両人は「退社の辞」をかかげて自分たちの態度を明らかにしました。

幸徳、堺の退社に次いで、内村鑑三も「小生は日露開戦に同意することを以て日本の滅亡に同意することと確信いたし候」と黒岩社長に書き送って万朝報社を去りました。

堺　利彦

幸徳と万朝報社退社の行動を共にした堺利彦（一八七〇―一九三三）は、豊前小笠原藩の小身士族の子として福岡県豊津に生まれました。号を枯川といいます。一八八六年（明治一九）郷里の中学を出て東京に遊学、同人社、共立学校、後、第一高等中学校に学びましたが、中途退学し、一八八九年（明治二二）大阪で高等小学校の教員となりました。やがて西村天囚に認められて文筆生活にはいり、小説を発表しました。一八九七年（明治三〇）東京に帰り、九九年（明治三二）に『万朝報』の記者となりました。自分の社会主義の根底は、儒教と自由民権説であると彼自身語っており、安部や木下のようにキリスト教の影響をうけていない点で幸徳にいちばん近かったといえましょう。一九〇一年（明治三四）の社会民主党の禁止後、社会主義協会に入会しました。堺が社会主義者となったのは万朝報時代の後半になってからで、その前半時代には中流階級人士の覚醒、社会の風俗、家庭の改良を論じる小市民的イデオロギーを脱していませんでしたが、しかし、万朝報社退社のさいにはいちばん強硬派であったといわれています。

堺　利彦

非戦論大演説会

社会主義協会は、再度の非戦論大演説会を一九〇三年（明治三六）一〇月二〇日

夜、本郷中央公会堂でひらき、六〇〇余人の聴衆を前に、幸徳、堺、西川、安部、木下の五人がそれぞれ非戦論の立場で熱弁をふるい満堂の聴衆に大きな感銘を与えました。この日の演説会の収益三二円九二銭は、そっくりそのまま幸徳、堺の新聞創業費に寄付することになりました。

平民社の創立と週刊『平民新聞』の創刊

平民社の創立

万朝報社をしりぞいて後、幸徳、堺の二人は身のふり方を相談し、別々に雑誌を発行する案をたてましたが、結局共同して週刊の一新聞を創刊することに決しました。社会主義および非戦論の宣伝機関となった『平民新聞』がこれです。しかし扶持をはなれた二人にとって資金をどうするかが大問題でしたが、有力な支持者が現われました。秋水の先輩で故中江兆民の友人であり、もと貴族院の書記官であった小島竜太郎が二人の計画に賛成して、政府に納める保証金（一〇〇〇円あまり）だけを貸そうと援助を申し出てくれました。また堺と同郷の医師で京橋区出雲橋際の加藤病院の院長加藤時次郎が、創業費として七五〇円ほどを貸そうということになりました。社会主義協会のカンパ（三二円九二銭）については前記のとおりです。

こうして、麹町区有楽町三丁目（今の朝日新聞社に近接した日劇の裏あたり）に一戸を借りうけたのが一〇月二三日、警視庁に届け出をすませたのが二七日で、わが国の社会主義運動史に輝かしい足跡を残した平民社はここに創立されました。

平民社

『平民新聞』創刊号の「宣言」

一九〇三年（明治三六）一一月一五日、週刊『平民新聞』（毎週月曜）は創刊されました。第一ページには「平民社同人」の署名した「宣言」がのっています。

一、自由、平等、博愛は人類世に在る所以の三大要義也。

一、吾人は人類の自由を完からしめんがために平民主義を奉持す、故に門閥の高下、財産の多寡、男女の別より生ずる階級を打破し、一切の圧制束縛を除去せんことを欲す。

一、吾人は人類をして博愛の道を尽さしめんが為めに平和主義を唱道す。故に人類の区別、政体の異同を問はず、世界を挙げて軍備を撤去し、戦争を禁絶せんことを期す。

一、吾人既に多数人類の完全なる自由、平等、博愛を以て理想とす。故に之を実現するの手段も、亦た国法の許す範囲に於て多数人類の与論を喚起し、多数人

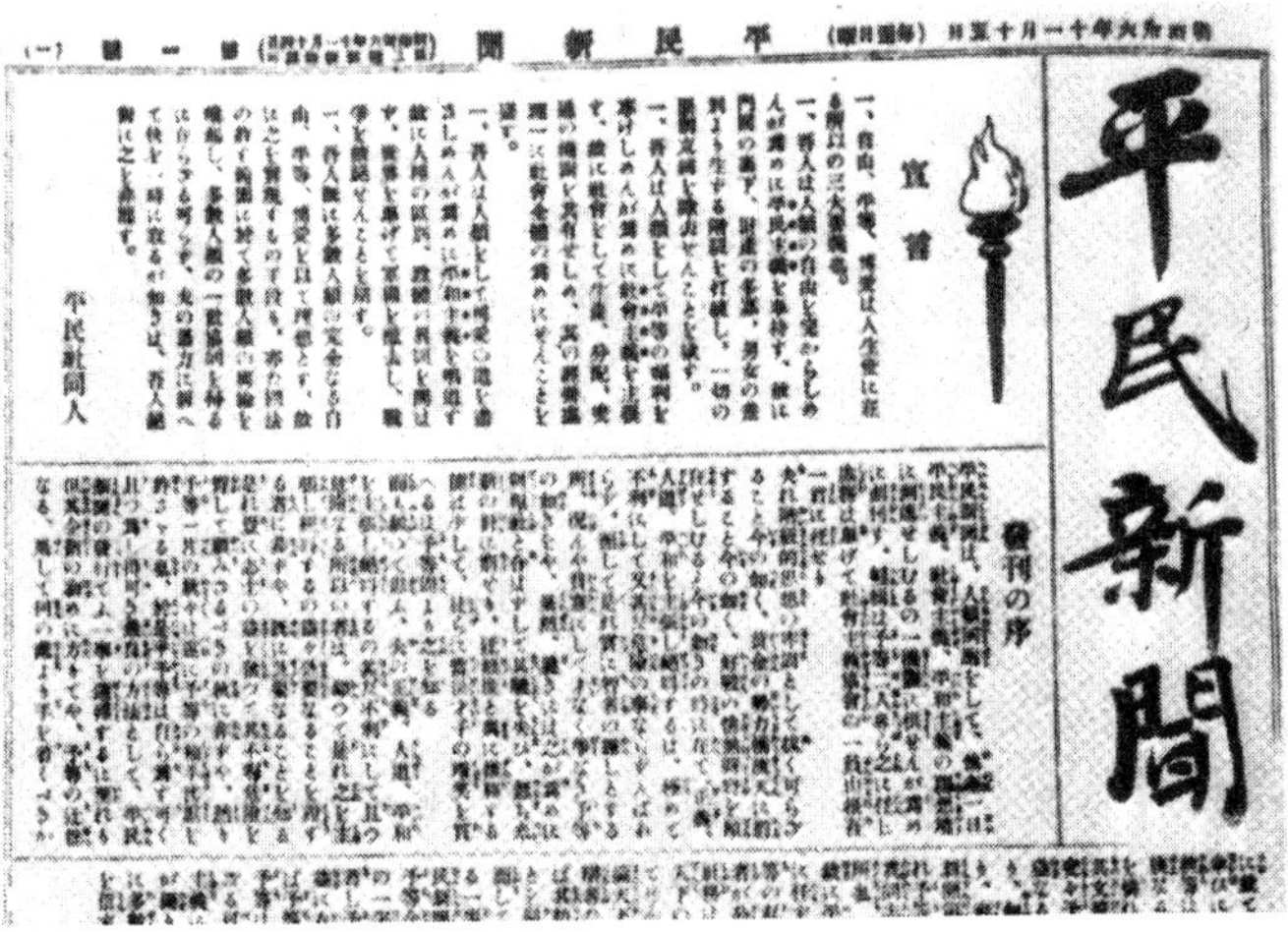

『平民新聞』創刊号

類の一致協同を得るに在らざる可らず、夫の暴力に訴へて快を一時に取るが如きは、吾人絶対に之を非認す。

この宣言が、まず「自由、平等、博愛」というフランス大革命以来の「三大要義」をかかげたところは、明らかに自由民権運動の思想的系譜を示しています。しかし、同時にまた、とくに「国法の許す範囲」を強調し、絶対に暴力を非認することを力説した点には、ドイツ流の議会政策的社会民主主義の傾向もあらわれており、また、人道主義的、キリスト教的社会主義の影響もすくなからずあらわれています。

もちろんこの「宣言」は、幸徳と堺の二人が協議と推敲を重ねたすえできあがったもので、最初の立案と執筆は幸徳でした。

『平民新聞』の陣容

週刊『平民新聞』創刊当時の社員は、幸徳、堺のほかに山根吾一、柿内竹次郎の四名でしたが、まもなく山根は、片山潜渡米後の留守居役として『社会主義』の編集責任者となり、新しく石川三四郎、西川光二郎が社員として参加し、相談役には小島竜太郎、加藤時次郎、佐治実然、安部磯雄、木下尚江があたり、寄稿家としては、伊藤銀月、杉村縦横（楚人冠）、田岡嶺雲、村井知至、野上啓之助、斉藤緑雨、小泉三申、斯波貞吉、田添鉄二、原霞外、山口義三、小田頼造、白柳秀湖、中里介山、荒畑寒村、小野吉勝（有香）などが加わっています。

英文欄は、斯波貞吉（創刊―第一〇号）、安部磯雄（第一一号―終刊）が担当し、挿画は平福百穂と小川芋銭が協力しました。

発行部数は創刊号五〇〇〇部がまたたくうちに売り切れ、ただちに三〇〇〇部を増刷、だいたいは平均して三五〇〇―四〇〇〇部の発行部数を維持していました。

戦争非認の宣言

「吾人は飽くまで戦争を非認す」

『平民新聞』は日露戦争勃発の危機切迫をつげた一九〇四年（明治三七）一月、その第一〇号（明治三七・一・一七）の紙上に、「吾人は飽くまで戦争を非認す」という幸徳の一文をかかげて、日露戦争に反対の彼らの立場を明らかにしました。その大意は、

「……我々はあくまで戦争を非認します、これを道徳的に見ておそるべき罪悪であり、これを政治的に見ておそるべき害毒であり、これを経済に見ておそるべき損失であるからです。社会の正義はこれがために破壊され、万民の幸福はこれがためにふみにじられます。ああ、政府も人民も戦争のために狂わないものはなく、多数国民の眼はこれがためにくらみ、多数国民の耳はこれがために聾《ろう》するとき、独り戦争防止を叫ぶことは、片手で江河をささえるのよりなお難しいことを知っています、しかも吾々は真理正義の命ずるところに従って信ずるところを叫ばなければなりません。ああわが愛する同胞よ、今こそ基本にかえり、その狂熱より醒めよ、そして刻々に深味におちて行く罪悪、害毒、損失より免れよ、天の禍《わざわ》いはなお避けることができますが、自ら手

を下した禍いは避けることができません、戦争がひとたび破裂する結果はその勝と敗にかかわらず、次いで来る者は必ず無限の苦痛と悔恨でありましょう。真理のため、正義のため、天下万民の幸福のために、半夜、自分の良心にかえりみてください。」(原文は文語体)

帝国主義戦争の本質を衝く

幸徳はさらに、第一一号(一・二四)の社説で、「戦争と道徳」と題し、国際道徳の程度が低いということを口実に、戦争が罪悪であることを知りながら、なおこれに賛同し、これを煽《あお》りたてる無責任な人々を痛撃する一文をかかげましたが、次の第一三号(二・七)の社説「和戦を決する者」では、筆鋒鋭く帝国主義戦争の本質を衝いて次のように論じています。「日本の憲法は、宣戦媾和の大事が天皇の大権によって決せらるべきことを規定」しています。ところがこの大権がまだ発動されない前に、まずこれを決める者があるようです。国民の与論か、立法部の議員か、行政部の官吏か、国務大臣かと幸徳は問いかけて、「皆あらず」と答え、それは一種の金貸業者、銀行業者であるとその本質にせまっています。首相桂も、蔵相曽根も、毎夜、官邸に全国の銀行業者や資本家たちを招待、饗応して軍債の公募を懇請しているではないかと書き、さらに大臣は自分の頼みがききいれられぬを怖れ、富豪社会に勢力のある井上、松方両氏に、その斡旋《あっせん》方を頼んでいるではないかと書いています。

こうして先進列強同様、日本もまた資本家や銀行家の支配のもとに立つようになってきたと警告し、これを放置すれば、一切の学識、技能、道徳がみな拝金主義にふみにじられ、人民の惨禍ははかりがたいものがあるとして、こうした堕落からこの国を救う唯一の道は「唯だ資本家階級の全廃」にあると結んでいます。

日露開戦　さて、日本政府は、一九〇四年（明治三七）のご前会議で、日露の交渉断絶と開戦を決定し、八日には仁川、旅順を奇襲して、宣戦布告もなしに停泊中のロシア艦隊に打撃を加え、一〇日にはじめて公式に宣戦の詔勅を発しました。幸徳の社説はいちだんと熱をおびてきました。

ロある限り戦争反対を叫ぶ　第一四号（二・一四）にかかげた「戦争来」というのを読んでみましょう。

「戦争は遂に来れり、平和の攘乱《じょうらん》は来れり、罪悪の横行は来れり、日本の政府は曰く、其責露国政府に在りと、露国の政府は曰く、其責日本政府に在りと、是に由って之を観る、両国政府も亦戦争の忌むべく平和の重んずべきを知る者の如し……」

平和を乱した責任は確かに両国政府にあって、我々平民には何の関係もありませんが、この平和攘乱から生じる災禍に至っては、すべて我々平民の負担になるのです。戦争をおっぱじめた政府は何の罰もうけないで、その責は我々平民の肩にかかってくるのです。だからこそ我々は戦争を非認し、一日も早く平和が回復することを祈るのです。我らは口あり、筆あり、紙ある限り戦争反対を叫びつづけるでしょう。ロシアにおける我らの同胞平民もかならずまた同一の態度方法に出ることと信じます、否、英米独仏の平民、ことに我々の同志はますます競うて我々の事業を援助することを信じるものであります。

次いで、幸徳は、従軍兵士に、労働者に呼びかけ、平民は満州、朝鮮、シベリアの侵略によって何物を得るかと叫び、戦争が終わりをつげる日、汝の狂喜はかならず変じて悔恨となることは、今日これを予言するのに躊躇《ちゅうちょ》せずと結んでいます。

第一五号（二・二二）の社説では、「死生一擲《いってき》金鵄勲章を賭するが如き」兵士のあやまった考えをいましめ、天皇の扇動にのせられるなと叫び、第一七号（三・六）の「戦争と新聞紙」では、社会の木鐸をもって任じ、公益のためを高く標榜する新聞紙が、軍国主義を謳歌し、これに媚びおもねって、民衆を扇動する無責任をとがめ、満天下の新聞記者に好戦の酔狂よりさめよと訴えています。

こうして幸徳が、誰のための戦争かを暴露しつづけてゆくことは、体制そのものの矛盾を暴露することになり、国家権力と全面的に対決するばかりでなく、たんに日本の支配階級だけではなく、ロシアはじめ列強の支配階級ぜんたいを弾劾することになるのでした。

「露国社会党に与うるの書」

ロシア社会民主党に呼びかける　世をあげて好戦主義に熱狂し、平民社にたいしては、「露探」とののしり、「ロシアを亡ぼす前に汝等の首を刎《は》ねん」と脅迫するものもあるなかで、『平民新聞』は反戦活動における国際的連帯の精神を重んじ、その第一八号（三・二）の社説に「露国社会党に与うるの書」という幸徳秋水の一文をかかげました。

「鳴呼露国に於ける我等の同志よ、兄弟姉妹よ、我等諸君と天涯地角《てんがいちかく》、未だ手を一堂の上に取て快談するの機を得ざりしと雖も而も我等の諸君を知り諸君を想ふことや久し」

という書き出しで、まずロシア社会民主党の同志がなめてきた放浪不遇の悲惨、投獄迫害の苦しみに心からの同情を表し、次いで日露両国の戦禍に言及して、社会主義者の戦うべき敵が愛国主義と軍国主義とにほかならないことを次のように論じています。

「諸君よ、今や日露両国の政府は、各帝国主義的欲望を達せんが為に、漫《みだ》りに兵火の端を開けり。然れども社会主義者の眼中には人種の別なく、地域の別なく、国籍の別なし。諸君と吾等とは同志也。兄弟也。姉妹也。断じて闘うべきの理あるなし。諸君の敵は日本人に非ず。実に今の……軍国主義者也。」

次いで、社会主義者の闘争手段は、あくまで武力を排し、平和の手段でたたかわれねばならない、道理と言論のたたかいでなければならないことを強調し、憲法もなく、国会もないロシアにあって、このような合法的な闘争をたたかうことはきわめて困難であろうことを察しながらも、なおかつ、「其事を成すに急なるが為に時に干戈《かんか》（武器のこと）を取って起ち、一挙に政府を顛覆するの策」、暴力革命の道を排して、これは人道を重んずる者のとるべきところではないといい、最後にマルクスの「万国の労働者同盟せよ」の一語をかかげて、戦争反対のための労働者の国際的連帯を強調し、諸君が暴虐な政府に苦しめられ、深刻な偵吏に追われて、わが大主義のために苦労している時、遠くはなれた日本の国で、はるかに心からの同情をもって諸君の健康と成功とを祈っている数千の同志、兄弟、姉妹のあることを忘れないでほしいと結んでいます。

欧米各国に深い感銘を与える

この一文が、次の第一九号にほとんど逐語的に英訳されて掲載されますと、欧米各国の社会党はこれを読んで深い感銘をうけ、この文章は普仏戦争当時における万国労働者同盟の決議にも比すべき文章であるとして、きそってそれぞれの機関紙に訳載しました。なかでもニューヨークのドイツ語新聞『フォルクス－ツァイトゥング』はその全文を写真版にして紙上にかかげたといわれます。

「露国社会党より」

『平民新聞』のメッセージにたいして、在ジュネーブの露国社会民主党機関紙『イスクラ』は直ちにこれに答えました。七月二四日の『平民新聞』第三七号に「露国社会党より」と題してその回答の全文が訳載されました。

「日露両国の好戦的叫声の間に於て、彼等の声を聞くは、実に善美世界より来れる使者の妙音に接するの感あり。」

普仏戦争の時、ドイツのリープクネヒトやベーベルが、フランスのアルサス・ロレーン二州をドイツが併呑することに反対して、インターナショナルのためにつくしたが、日本の労働者階級の進歩的代表者の言動は、まさにそれにも劣らない功業といえようと日本の同志をほめたたえ、また日本の社会主義者の忠告にたいしては、「力に対するには力を以てし、暴に抗するには暴を以ってせざるを得」ないが、しかしわが党は決して個人的なテロリズムを肯定するものではないとロシアの事情を若干述べた上、しかし、重要なことは日本の同志が我らに送ってきた書中にある一致連合の精神であることを強調し、わが党は満腹の同情を彼らに呈するといい、軍国主義撲滅！　万国社会党万才！　のスローガンでメッセージを結んでいます。

第2インターナショナルの執行委員　前列柱より4人目が片山潜，その右がロシア代表プレハーノフ

日露代表の友愛と親善の握手

交戦国民の国際連帯は、メッセージの交換だけにとどまりませんでした。

オランダのアムステルダム市のケプウ音楽堂で、八月一四―二〇日、第二インターナショナルの第六回大会がひらかれましたが、席上、共に副議長に選ばれたロシア社会民主党代表のプレハーノフと、日本代表の片山潜は、交戦国のプロレタリアートを代表して、友愛と親善の握手をかわして満堂の拍手をうけました。

片山とプレハーノフの反戦演説につづいて、片山は日本社会主義者の反戦提案を紹介しました。

「日露戦争は畢竟両国に於ける資本家政府の行動に過ぎずして、為に両国の労働社会は至大の損害を受けざる可らず、故に吾人日本の社会主義者は茲《ここ》に来る八月アムステルダムに開かるべき万国社会主義大会の各員に向って、彼等が自国の政府を督励し、速かに日露戦争の終局を告げんが為めに、全力を尽すべき決議の通過せられんことを求む」

この提案は採択され、大会は、フランス代議員の提議による日露戦争反対の決議案を満場一致で可決しました。

幸徳は、『平民新聞』第四五号（九・一八）に「日露社会党の握手」と題して次のようにその国際的意義を強調しています。

「記せよ、読者諸君。この握手や、是れ実に世界の社会党発達の歴史に於て、永く特筆大書せざる可らざる重大の一事実なることを。何となれば是れ単に一個の片山氏と一個のプレハーノフ氏との握手にあらずして、実に日露両国の社会党団体が、各々その派遣せる代表者を通して公然の握手をなせるものなればなり。」

筆禍事件から『平民新聞』廃刊へ

「嗚呼増税！」の筆禍事件

『平民新聞』の一九〇四年（明治三七）三月二七日の第二〇号にかかげられた「嗚呼増税！」は、幸徳の筆になった非戦論の中での白眉といわれるものです。

「……ああ六千万円の増税よ、これ実に『戦争のため』なるべし。しかれどもいかに戦争のためなりとて……之を負担する国民の苦痛は依然として苦痛ならざるべからず。……しかも国民は何故にかくのごときの苛税に忍ばざるべからざるか」

とはげしく問いかけ、さらに国家と政府の組織に説きおよんで、

「……吾人のために決して何らの平和、幸福、進歩を供するなくして、かえって吾人を圧制し束縛し掠奪するに過ぎずとせば、吾人はいずれの所にかその存在の必要を認むるを得るか。ここに苛重の租税あり、吾人のために決して平和と進歩と幸福とを買い得ずして、かえって殺戮《さつりく》、困乏、腐敗をもって酬いらるるに過ぎずとせば、吾人はいずれの所にかその存在の必要を認めんとするか。もしかくのごとくんば、吾人生民は初めより国家政府なきにしかざるなり、たんに増税の具たるに過ぎざる議会政党なきにしかざるなり。……」

こうして国家、政府、議会の必要さを疑おうとする幸徳には、すでに後の無政府主義に転身する片鱗があらわれていました。

この一文を掲載したため『平民新聞』は新聞紙条例違反として発売を禁止され、発行兼編集人の堺利彦は告発されました。東京地方裁判所は、堺を軽禁錮三か月に処し、『平民新聞』の発行を禁止するという判決を下しました。堺は直ちに控訴しましたが、結局、『平民新聞』の発行禁止は棄却、軽禁錮は二か月に短縮されました。これはわが国の社会主義運動史上の最初の犠牲でした。

トルストイを批判

一九〇四年（明治三七）五月一五日の『平民新聞』第二七号の「世界之新聞」欄には、「露国社会民主党の檄文」と題して、ウラジミル＝イリッチ・レーニンの起草したというアッピールを訳載し、万国労働者の国際的連帯を強調しています。

また同じ年の八月七日発行の第三九号には、「トルストイ翁の日露戦争論」を幸徳、堺の共訳で全文紹介し、第四〇号には、幸徳の「トルストイ翁の非戦論を評す」がのっています。この論文で幸徳は、唯物論者の立場、社会主義者の立場からトルストイを批判し、今の国際戦争は、トルストイの説くような、たんに人々がイエスの教えを忘れたから起こったものではなく、列国のはげしい国際的経済競争の結果から起ったものであり、その根本の原因は、現時の社会組織が資本家制度をその基礎としているからであると、戦争と資本主義の関係を正しく指摘しました。幸徳はトルストイ翁との思想上の相違をはっきりした上で、しかも翁の言葉が一語一語、肺腑《はいふ》より出て、直言してはばからない態度を賞讃しています。

『平民新聞』一周年記念

一九〇四年（明治三七）も暮れに近づいた一一月一三日発行の『平民新聞』第五三号は、あたかも創刊の一周年にあたるので、平民社はその記念のために当日の全紙をあげてマルクス、エンゲルス共著の「共産党宣言」を訳載することに決定し、翻訳には幸徳秋水と堺枯川の二人があたることになりました。また滝野川の紅葉寺に同志の園遊会をひらき、記念絵はがきを売り出すことも決められました。絵はがきには、マルクス、エンゲルス、ラサール、ベーベル、クロポトキン、トルストイの肖像が選ばれましたが、これらは当時の平民社の思想——マルクス主義、ラサールの国家社会主義、無政府主義が混然と同居し、それらの思想がまだ未分化の状態にあったことを反映しています。

再度の筆禍事件

ところで、この一周年記念号発行を前に、一一月六日発行の第五二号は、石川三四郎の「小学教師に告ぐ」、西川光二郎の「社会主義者の教育観」、堺枯川の「小学修身漫評」、小学教師の無価珍子と称する人の「戦争に対する教育者の態度」というような論文をかかげ、吾人は本号をもって、いささか日本の教育家に呈す——と称して、ほとんど全紙を

平民社創立一周年記念の写真（左）と寄書

あげて教育批判号のような形でありましたが、これが直ちに発売を禁止され、同時に朝憲紊乱《ちょうけんびんらん》の罪名で起訴され、一一月一九日の第一審の判決で、幸徳は禁錮五か月、罰金五〇円、西川は禁錮七か月、罰金五〇円に処せられ、その上印刷機も没収されるようなことになりました。

「共産党宣言」

次いで一周年記念の第五三号は、「共産党宣言」を掲載したことで再び発売禁止に処せられ、西川、幸徳、および堺の三名が起訴され、一二月一三日より公判がひらかれ、四月二〇日に下された判決により、西川、幸徳、堺の三名はいずれも罰金八〇円に処せられて服罪しました。

これより前、一周年記念号に何をのせるかということが問題になっていたとき、「共産党宣言」を推薦したのは平民社の相談役の一人で、中江兆民の友人であった小島竜太郎でした。

訳載された幸徳と堺の文章は、吟誦するにふさわしい流暢な文語体でしたが、しかしその訳語には、ブルジョアジーを紳士閥と訳したり、プロレタリアを平民と訳しているように、今日の用語からみればむしろ奇異に感じ、また妥当を欠くものもないではありませんでした。また原文(三)の「社会主義及び共産主義文献」の一項は、一八四八年当時の現存していた諸潮流を批評したものであるから——という理由で省略しました。

しかし、この国際的無産階級の古典文献すらも一朝にして発禁の処分をうけ、同時に一八九八年(明治三一)の創立以来、日本社会主義運動の前衛として活動してきた社会主義協会は一九〇四年(明治三七)一一月六日、治安警察法第八条によって解散を命じられました。これは滝野川の園遊会を、政府が何かの秘密結社をつくるための会合であると邪推したことに原因するものでありました。

一九〇五年(明治三八)一月、幸徳、西川等に対する新聞紙条例違反事件の第二審は一一日、控訴院において判決があり、判決は禁錮、罰金、『平民新聞』の発行禁止、すべて第一審と同じで、その上国光社という印刷業者所有の機械を没収すべき旨を裁定しました。

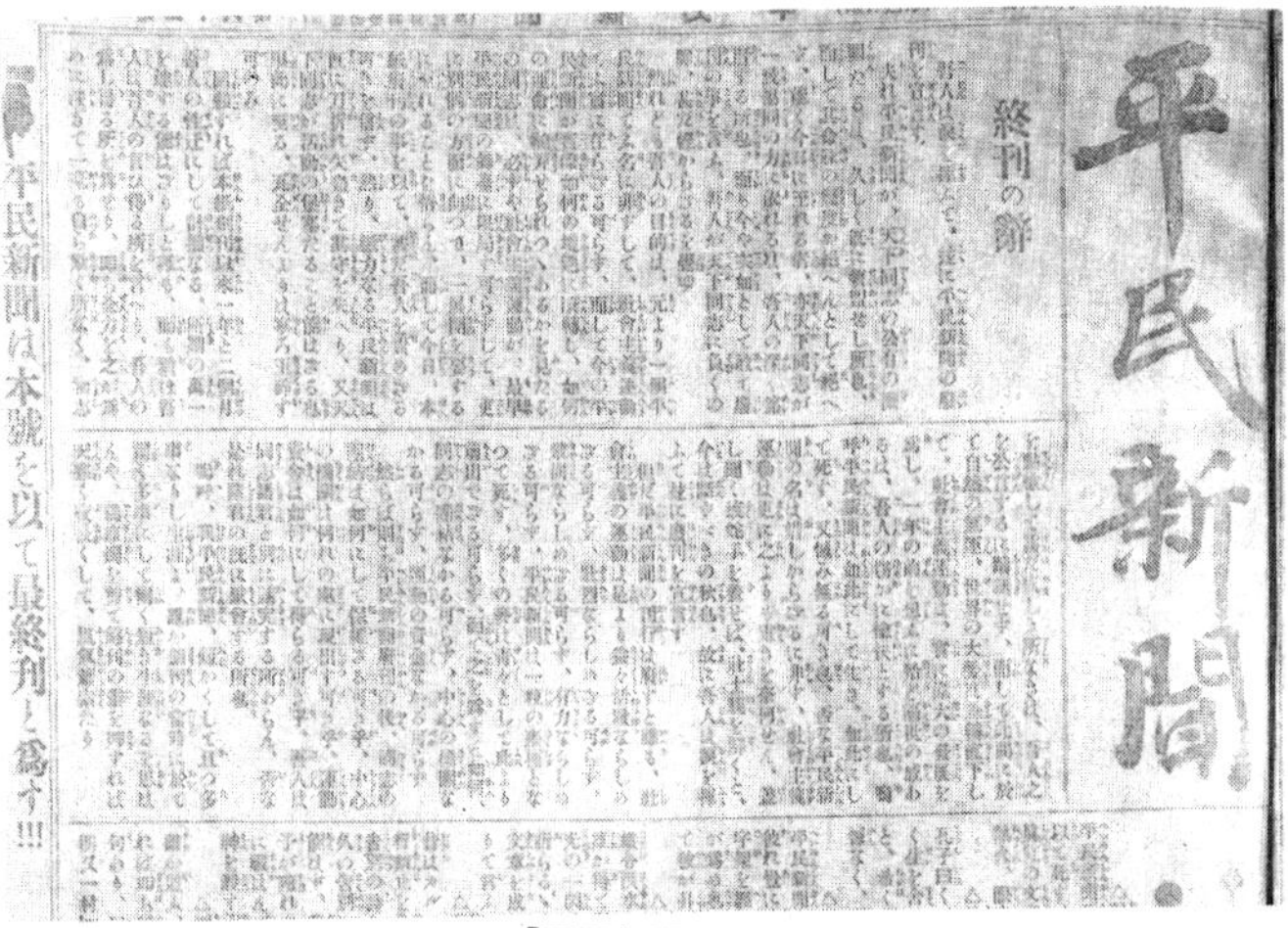
平民新聞

終刊の辭

『平民新聞は本號を以て最終刊と爲す!!!

『平民新聞』終刊号

『平民新聞』の廃刊

弾圧と迫害のあいつぐ中で、幸徳はじめ平民社の社会主義者たちはますます戦争反対の闘志をもえたたせました。「非戦論を止めず」（第五八号、明治三七・一二・一八）と社会に声明して政府の横暴を世論に訴え、「社会主義者に対する迫害とその効果」（第六三号、明治三八・一・二二）で政府に真正面から抗議しました。

しかし、もともと苦しい状態であった平民社の財政状態はもはや限界に達し、新聞の維持は全く困難となりました。ついに万策つきた平民社同人は、このさい、刑の執行はまたずに自発的に『平民新聞』の廃刊を決意し、一九〇五年（明治三八）一月二九日、第六四号を終刊号として、自ら進んで廃刊を宣言しました。マルクス、エンゲルスらの『新ライン新聞』の終刊にならって、同紙は全紙面を赤刷りにし、巻頭には幸徳の「吾人は涙をふるうて、ここに平民新聞の廃刊を宣言す」と冒頭する名文の「終刊の辞」をかかげました。

また『新ライン新聞』終刊のさいの有名な詩「告別！　されど永久の告別にはあらず、彼らは精神を殺すあたわず、わが兄弟よ、雷鳴のうちに予は再び予が倒れたる戦場に蹶起《けっき》せん、さらに大胆に闘わんがために……」をかかげ、「平民新聞は一粒の麦種となって死す。多くの麦は青々としてこれより萌え出でざるべからず……」と再生を約束しました。

この終刊号において興味あることは、その第二面に「露国革命の火」と題して一九〇五年のロシア革命の状況が詳しく報道されていることです。

第六章　日本社会運動の方向転換と幸徳の「直接行動論」

入獄・平民社の解散

入獄

一九〇五年（明治三八）二月二八日、三五歳の幸徳は、『平民新聞』第五二号社説「小学教師に告ぐ」（石川三四郎）その他の筆禍事件のため、編集人として禁錮五か月の刑をうけ、巣鴨監獄に下獄じました。

彼は、獄中でボストン大学教授レーンの『*The Level of Social Motion*』を読み、また *Draper* の『宗教科学衝突史』、ルナンの『耶蘇伝』、クロポトキンの『田園、製造所および工場』、エンゲルスの『フォイエルバッハ論』、黒岩涙香から差し入れてもらったヘッケルの『宇宙の謎』の英訳本などを読みました。

五月三〇日の堺宛の書翰には、

「若し夫れ今の僕の宇宙観、人生観を問ふ者あらば、依然として唯物論者、科学的社会主義者也と報ぜよ」

と書き送っています。

しかし、後日、在米の友人アルバート＝ジョンソンに幸徳が書き送った手信には、

「私は所謂『罪悪』といふ事に就て深く考へるところがあり、結局現在の政府の組織、裁判所—法律—監獄が、実際貧窮と罪悪とを誘導するものであると確く信ずるやうになりました」とあり、入獄という体験が、幸徳の権力否定、無政府主義への思想的転化の直接的原因になったのではないかと思われる節があります。

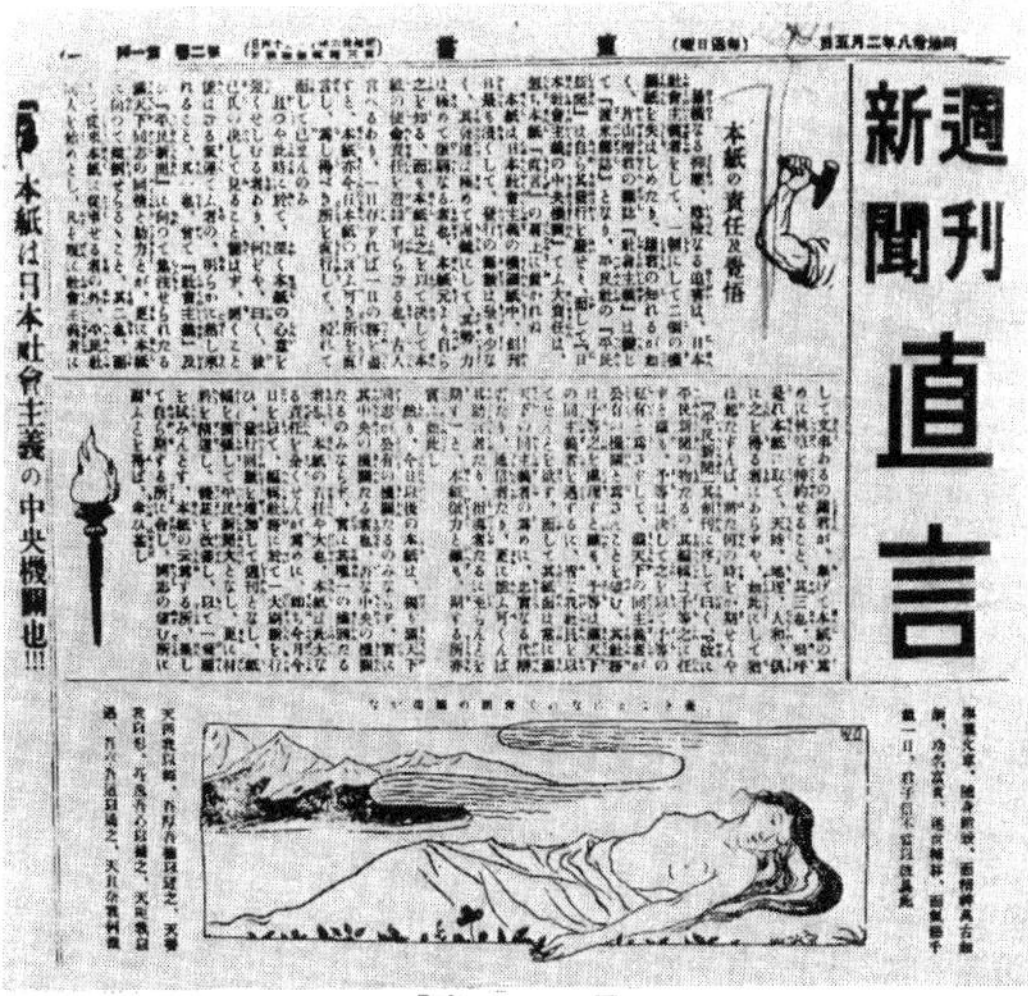
週刊新聞 直言

本紙の責任及覚悟

本紙は日本社會主義の中央機關也!!!

『直　言』

平民社の解散

幸徳は七月二八日、五か月の刑を終えて出獄しました。『平民新聞』の後継紙である『直言』は第二巻第二六号をとくに二日くりあげ「幸徳君出獄歓迎号」として発行しました。

しかし、平民社はうちつづく苛烈な弾圧と財政難、それに加えて同志間の団結にひびがはいっていました。キリスト教社会主義の木下、石川、安部らと唯物論者の堺や幸徳との間の思想の差異がこの同志間の対立に拍車をかけました。

九月五日、ポーツマス条約調印の日、この条約に不満をもつ群衆が日比谷公園に集まって国民大会をひら

『光』

き、条約反対を叫びましたが、その流れは、内相官邸、警察署、交番、電車を焼き打ちし、国民新聞社を襲撃しました。翌九月六日、戒厳令がしかれました。『直言』第二巻第三二号（九月一〇日）は、社説「政府の猛省を促す」が筆禍をこうむり、発行停止を命ぜられ、ついにこの発行停止命令が解除されないまま、『直言』は廃刊となりました。

そこへ、九月二六日、西川光二郎が七か月の獄中生活を終えて出獄してきました。その歓迎会の後で、堺、幸徳、西川、石川、木下、の五人が協議して善後策を講じましたが、結局、平民社の解散が決定され、一〇月九日、平民社楼上に同志七〇余名が集まって悲壮な解散式を行ないました。

木下、安部、石川らキリスト教社会主義者は一九〇五年（明治三八）一一月一〇日『新紀元』を創刊し、西川、山口、森近らは『光』を創刊して、『直言』の後継紙とし、アメリカに渡った幸徳と、由分社をおこして平民社の出版活動を引き継いだ堺とが、外部から『光』を声援することになりました。

アメリカへの亡命

渡米の目的

一九〇五年（明治三八）一一月四日、幸徳は、アメリカに留学する加藤時也（加藤時次郎の長男）と、画家を志望する甥の幸徳幸衛の二人の少年を同行して、横浜を解纜《かいらん》、伊予丸で渡米の途に上りました。

これより前、八月一〇日付で、幸徳が小田原の加藤時次郎方から在米桑港の同志で無神論社のアルバート＝ジョンソンに宛てた手紙には次のように書いています。

「私は、次の目的から、欧米漫遊をいたしたいと思っています。一、コミュニストまたはアナーキストの万国的連合運動に、もっとも必要な外国語の会話と作文とを学ぶために（私は英文を読むことができますが、しかし、これを書いたり語ったりすることが困難です）。二、多くの外国革命党の領袖を歴訪し、そして、彼らの運動から何ものかを学ぶために。三、天皇の毒手（*The pernicious hand of "His Majesty"*）のとどかない外国から、天皇をはじめとして、その政治組織および経済制度を自由自在に論評するために。……」

幸徳が獄中における思索と読書を通してクロポトキンの無政府主義に接近したということは確か

な事実ではありましたが、といってまだマルクス主義の立場を全く放棄したというわけでもありませんでした。

一〇月六日、幸徳が山形の笹原定次郎に宛てた手紙によりますと、彼は渡米の目的について、

「……第一に健康の恢復、第二に彼の地在留の日本人の同志糾合、日本との運動連絡、それから出来得べくんば日本法律の下にて成し能はざる議論意見を彼の地に発表することに力めたい、又日本にて運動を為し得る余地が少しでも出来れば直ぐ運動する積り」

と書いています。また石川三四郎宛のはがきによりますと、ロシアの革命家がスイスを革命運動の根拠地としたように、岡繁樹等の平民社桑港支部を足場にして、日本の社会主義運動の安全な革命基地をサンフランシスコにつくろうという考えをもっていたようであります。

アメリカでの活動

幸徳は、一一月二九日シアトル市着、一二月一日に同市の日本人会堂で「戦後の日本」と題して上陸第一声をあげ、一二月五日、サンフランシスコに着いて、桑港平民社支部の岡繁樹、夫人敏子、岩佐、市川、中沢、倉持らに迎えられ、アナーキストのアルバート＝ジョンソン翁や露国社会革命党のフリッチ夫人らに紹介されました。

幸徳はフリッチ夫人の寓居の一室を借りうけてここを活動の基地としました。

一二月一六日の夜には、サター街のゴールデンゲートホールで「戦後に於ける日本国民について」

演説しました。

翌一九〇六年（明治三九）の一月二一日の夜、オークランドｰメールホールでロシア革命の同情集会がひらかれました。アラメダ、バークレーなど付近の各郡村から参加した男女をあわせて四〇〇余名、三、四〇名の日本人もまじっていました。

Ｉ・Ｗ・Ｗ（世界産業労働組合）の代表アンソニー・オリーブ＝ジョンソン夫人、アメリカ社会党のアウスチン＝ルイスにまじって、幸徳秋水が演壇に立ち、「露国同胞の革命は、世界革命の先鋒であり、我らはこれを助けるために全力をつくすべきである」と述べましたが、幸徳の演説が終わると十数名のロシア人の同志は直ちに演壇にかけ集まり、感謝感謝と叫びながら幸徳の手をかたく握りしめました。この日会場ではロシアの同志におくる五八ドル余のカンパが集められています。このように幸徳は一九〇五年のロシア革命にあたって、国際的な労働者の連帯の精神に立って、ロシア革命支援の行動を起こしておりました。

四月一八日、サンフランシスコに大地震が起こり、下町数か所に火災が発生し、桑港平民社付近におよびました。幸徳はこの時の見聞を「無政府共産制の実現」と題して『光』に寄稿しています。

五月二日、サンフランシスコを引き払い、オークランドに移ります。

社会革命党　右から４人目幸徳秋水、１人おいてジョンソン、岡繁樹

社会革命党の結党

・六月一日夜、テレグラフ街の白人社会党本部で、在米の日本人同志五〇余名が集まり、社会革命党の結党式が行なわれ、幸徳秋水はこれに出席しました。もっとも重要なメンバーというのは、倉持善三郎、岩佐作太郎、竹内鉄五郎、岡繁樹らで、次のような綱領をかかげました。

一、我等は現時の経済的産業的競争制度を廃滅し、一切の土地資本を挙げて万民の共有となし、貧困者の迹を絶たんことを期す。

一、我党は現時の迷信的階級制度を改革し、万民をして平等の自由と権利とを保有せしめん事を期す。

一、我党は現時の国家的、人種的、偏執、僻見を排除し、四海兄弟世界平和の真義を実現せしめん事を期す。

一、我党は以上の目的を達せんが為め世界万国の同志と聯合協力して社会的大革命を行ふ必要を認む。

帰国

この社会革命党の結党式を終えると、六月五日、幸徳はサンフランシスコから香港丸に乗って帰国の途につきました。日本に印刷機を仕入れに帰る桑港平民社の岡繁樹が同船して、幸徳と行を共にしました。こうして六月二三日の午前八時頃、横浜港のイギリス波止場に着港、ここで幸徳千代子、堺夫妻、加藤時次郎夫妻をはじめ、赤旗をひるがえした横浜曙会の同志たちに迎えられ、午后四時、新橋着、ひとまず小泉三申の家に落ち着きました。

幸徳の滞米中に日本では政変が起こっていました。一九〇五年（明治三八）一二月二一日、桂軍閥内閣が倒れ、一九〇六年（明治三九）一月七日、桂にかわって第一次西園寺内閣が出現し、二月には、「国法の範囲内において社会主義を主張す」る日本社会党が合法的に結成を許可されていました。こうした国内状勢の変化が幸徳に帰国をいそがせた大きな原因でもありました。

幸徳は滞米中、アナーキストのアルバート＝ジョンソンや、ロシアのエス＝エル系の亡命者フリッツチ夫人らと交わって影響をうけ、また当時、アナルコサンジカリズムの傾向の強かったＩ・Ｗ・Ｗの会合に出席して、無政府主義的労働組合主義の傾向を強めて帰国しました。ドイツのアナーキスト、アーノルド＝ロラーの「社会的総同盟罷工論」などにも大きな影響をうけたように思われます。

「余が思想の変化」

幸徳の帰国第一声は、六月二八日、神田錦旗館でひらかれた日本社会党主催の歓迎演説会における「世界革命運動の潮流」と題する演説でした。この演説は幸徳秋水一代の名演説ともいうべきもので、当夜の聴衆に深い感銘を与えたばかりでなく、後に日本の社会主義運動に一新局面をひらいたいわゆる「直接行動論」の骨格が明示されていました。

直接行動論の提唱

幸徳はまず述べていうよう、過去一年有余の入獄と外遊とは、自分の主義思想には何らの変化を与えることなく、自分はいぜんとして社会主義者です。しかし、その主義思想に変化はないけれども、これを実現する手段方法にはおのずから変化がないとはいえないのであって、自分の見聞したところでは、今や欧米の社会主義運動の方針はまさに一大変化をきたそうとしています。したがって日本の社会党もまたこの新しい潮流を見てとらなければならないと前提し、パリ－コンミューンが粉砕されて以来、ドイツ流の社会民主党が銃器弾薬を捨てて議会政策をとるようになってから、これが第二インターナショナルの運動方針として採用されましたが、たとえばドイツ社会民主党は九〇人の議員を擁しながら、はなはだ頼むに足りない無力な状態であると説き、現在、ロシアで進行している大革命において、革命的ストライキ（政治的ゼネスト）が行なわれて、これが西欧諸国の惰眠を破ったと説き、日本の社会党もこの新しい世界的潮流を見てとらねばならないと訴えました。

幸徳のこの演説は、当時の第二インターの腐敗を指摘し、ロシア革命におけるゼネストの教訓から多くを学ぼうとした限りでは、まことに時宜にかなったものでしたが、その後幸徳がこのアナルコサンジカリズムの方針を、普通選挙も、工場法も、労働組合も存在しない日本の現実を完全に無視して、機械的にわが国の運動に適用しようとしたことに大きな飛躍と誤りがありました。

山川均はこういっています。

「これは単純素朴なサンジカリズムの総同盟罷工論であって、これが運動の上にそれほど大きな影響を与えたといったなら、今日の人は不思議に思うかもしれないが、当時はこれが同志の間に非常な感銘を与えた」

青年たちは天馬空を行くような幸徳の熱弁に魅了せられ、革命的サンジカリズムにひきつけられたのでした。

日刊『平民新聞』の発行

こうした経過の中で『光』は一九〇六年（明治三九）一二月二五日に廃刊し、あけて一九〇七年（明治四〇）一月一五日、日刊『平民新聞』が生まれ、『光』にかわって日本社会党の機関紙的役割をはたすことになりました。発行兼編集人は石川、西川、竹内、幸徳、堺の六名がなり、印刷人が深尾昭、社員は上記の七名のほか、斎藤兼次郎、椎橋重吉、森近運平、矢木健二郎、神崎順一、村田四郎、吉川守圀、赤羽一、山川均、岡千代彦、原真一郎、宇都宮卓爾、荒畑勝三、山口義三、徳永保之助の二一名でした。事務所は築地新富座の北隣の元芝居茶屋であった一戸を買いとり、ここに『日刊平民新聞』の看板をかかげました。

社会主義運動の方向転換を訴える

幸徳は、二月一日の『平民新聞』(第一三号)に「独逸総選挙と欧州社会党」を論じ、一九〇七年一月のドイツ総選挙の結果を見て、カイゼル専制治下の議会政党の無力を論じ、欧州の社会党が議会政策にのみ固執すれば、彼らはついに労働者階級の革命党ではなくて、たんに紳士国の一政党たるにすぎないであろうと論じました。

次いで、二月五日の第一六〇号に「予が思想の変化(普通選挙について)」をかかげて、議会政策の無能を攻撃し、議会党としての社会党の腐敗堕落の事実と必然性を論じ、

「社会主義の目的を達するには、一に団結せる労働者の直接行動(ジレクトーアクション)によるの外はない」

と、日本社会主義運動の方向転換を強く同志たちに訴えかけました。

足尾銅山の暴動

足尾銅山の暴動

この年の二月四日、一通の電報が平民社にとどけられました。足尾銅山で坑夫と役員の間に衝突があり、大勢の坑夫が坑内見張所を打ちこわしたというのです。

この暴動は、五日、六日とつづき、数千人の坑夫はときの声をあげて、本部の事務所をおそい、重要書類を破り、ダイナマイトで建物をこわし、石油庫、火薬庫は、大爆発を起こしました。七日の午前八時半警察力ではもはやどうすることもできないことを知った政府は、軍隊を派遣してようやくこれを鎮圧しました。

日本社会党第二回大会　この足尾暴動の余韻がまだ残っている二月一七日、神田錦町の錦旗館楼上で日本社会党の第二回大会がひらかれました。出席の党員は地方支部の代表者を合して六〇余名、ほかに来賓数十名、その中には徳富健次郎（芦花）や奥宮健之の顔も見えました。

日本社会党のメンバー　前列右から堺利彦、２人おいて幸徳秋水

「宣言及決議」の審議にあたって、堺利彦の提出した評議員案をめぐって、幸徳秋水と田添鉄二との間に論争が起こり、幸徳は田添の議会政策論に反対し、直接行動論をとなえてはげしい論戦を展開しました。幸徳は、普選はかえって革命を阻害し「……十分に労働者の自覚ができた場合に、代議士の存在は却《かえ》って革命の気炎を弱める」と主張し、次のような意見を展開しました。

「田中正造翁は最も尊敬すべき人格である。今後十数年の後と雖も斯の如き人を議員に得るのは六カ敷と思う。然るに此田中正造翁が廿年間議会に於て叫んだ結果は、何《と》れ丈の反響があったか……あの古河の足尾銅山に指一本さすことが出来なかったではないか。然して足尾の労働者は三日間にあれ丈のことをやった。のみならず一般の権力階級を戦慄《せんりつ》せしめたではないか。暴動はわるい。然しながら議会廿年の声よりも三日の運動の効力のあったことは認めなければならぬ。」

「今日社会党が議会政策や議員の力を信ずるか、或は労働者自己の力を信ずるかと言う此分岐点は、将来社会党が紳士閥の踏台となるか否かの運命を決する分岐点となる。」

当時は普選ではなく、直接国税一五円を納めるものにしか選挙権がなく、わが国の労働者はほとんど選挙権をもっていませんでした。そこに幸徳の革命への見通しのあせり、大衆の自然成長性への過信、議会闘争の軽視、資本主義体制下での地道な日常的階級闘争の軽視とそれへの無理解という偏向が生じたのです。

大会は、田添、幸徳の討論のほか、赤羽一、石川三四郎、松崎源吉、金子新太郎、竹内善朔らの発言によって活発な討論を行なった結果、採決に移り、田添案二票、幸徳案二二票、堺案二八票で、原案を可決して解散しました。

日本社会党の禁止と日刊『平民新聞』の廃刊　ところがこの大会の決議と幸徳の演説を掲載した二月一九日（第二八号）の『平民新聞』は、社会の秩序を乱すものとして告発され、さらに同月二十二日、内務大臣の命令で日本社会党は「安寧秩序に妨害ありと認む」という理由で、治安警察法第八条第二項により結社禁止を命ぜられました。

また、四月一三日には、東京裁判所は日刊『平民新聞』に発行禁止の宣言を下し、翌一四日の日刊『平民新聞』はついに廃刊を宣言しました。

第七章　社会主義陣営の分裂と大逆事件・幸徳の処刑

社会主義陣営の分裂

日本社会党の解散は、むしろ両派の主張を野ばなしにし、対立を激化させることになりました。

硬派と軟派

直接行動派・折衷派＝硬派は、日刊『平民新聞』のあと、『大阪平民新聞』（『日本平民新聞』）や『熊本評論』を刊行しました。議会政策派＝軟派は、週刊『社会新聞』、さらに『東京社会新聞』を刊行しました。活動組織としては、議会政策派（片山・田添・西川等）は、「社会主義同志会」（一九〇七年八月）を、直接行動派（幸徳・堺・山川等）は「金曜会」（一九〇七年九月）を別々に組織しました。

その間に両派合同の催しである「社会主義夏期講習会」（八月一～一〇日）と「ケア＝ハーディ歓迎会」（八月二二日）がひらかれました。しかし、いずれの場合も、各派が自派に都合よくこの会合を利用しようときそいあい、結局両派の離間をひろげるだけに終わりました。こうした時、海の向こうのサンフランシスコでショッキングな事件が起こりました。

サンフランシスコの天長節事件

一九〇七年（明治四〇）の一一月三日の天長節に、在サンフランシスコの邦人社会主義者たちによって組織されている社会革命党（前出）が、「暗殺主義」と題した「明治天皇への公開状」を公表し、その中で、天皇は神でない、サルの子孫であるということから説きおこし、日露戦争における天皇の侵略者としての本質を暴露した長文の公開状を、サンフランシスコの日本領事館の正面玄関のポーチや、周辺のオークランドやバークレーの日本人街の学校、銀行、集会所などの建物にはり出しました。

アメリカ社会党の機関紙『コール』にはこの全文が掲載され、また同文のビラは、いろいろなルートから日本内地の社会主義者たちにも密送されてきました。

領事館や外務省はじめ内閣警保局などのあわて方はひとかたでありませんでしたが、その大騒動の最中にたまたまカーン資金による米英留学中の東京帝国大学教授で、国際法学者の高橋作衛がサンフランシスコに乗り込み、領事館のスパイである川崎巳之太郎、巽鉄男からひそかに提供されたこれらの資料を、穂積陳重（東大教授）に送り、穂積八束博士（陳重の弟）の手を経て、目白椿山荘の元老山県有朋にやや誇大に報告しました。

おどろいた元老山県は、この高橋情報をコピーして、一九〇八年（明治四一）一月上旬ごろ、政界と山県系勢力の要所に配布して、政敵西園寺内閣をゆさぶる謀略手段に利用しはじめました。

宮内大臣の田中光顕伯爵は、この山県の書簡を見て、さっそく内務省警保局長の古賀廉造や、警

THE TERRORISM　Nov. 3 1907
暗殺主義

「暗殺主義」

視総監の安楽兼道の二人を呼んで取り締まりの現状を聞きただしました。

　サンフランシスコの日本領事館の調査によりますと、この檄文の起草者は、サンフランシスコの社会革命党員竹内鉄五郎で、小成田恒郎がこれを教唆したものらしく、岩佐作太郎や倉持善三郎なども関係があるらしいということでした。

　しかし、田中光顕が、山県にあてた明治四一年一月一三日の手紙には、何といっても巨魁は日本にいる幸徳秋水であると書いています。これが内閣警保局や警視庁あたりの推測であったと思えますが、彼らにしても確かな証拠なしに、直ちに幸徳を逮捕することはできなかったものと見えます。この事件は明らかに当局を刺激した点で大逆事件の遠因をなすものといえましょう。

「赤旗事件」

こんなときに「赤旗事件」が起こりました。一説にこれは警察のたくらんだ挑発であるともいわれています。

かねて、筆禍事件で入獄していた山口義三の出獄歓迎会が神田の錦旗館でひらかれたさい、閉会直前に大杉、荒畑、宇都宮などの柏木団（直接行動派）の面々が、西川や赤羽たちの本郷団（議会政策派）にたいして行なったデモが、勢いあまって屋外に押し出したところを総検束となり、一三名が官吏抗拒罪と治安警察法違反で起訴されました。この事件に次いで、神田署内の留置場の板壁に箸の先（一説には人間の爪）で書かれた、「一刀両断天王首　落日光寒巴黎城《ぱりーじょう》」という不敬の落書を看守が見つけて大騒ぎとなり、無実の佐藤悟がその嫌疑をうけて、不敬罪として起訴されました。

元老による西園寺内閣の「毒殺」

西園寺内閣はこの事件をきっかけに内閣を投げ出しました。元老山県有朋はかねてより、政友会は、西園寺首相をはじめ、原、松田などすべてフランス系統の共和政治の礼賛者であるから、社会党の取り締まりに緩慢であるのはそれがためであるというようなことを、明治天皇に讒訴《ざんそ》した事実があり（『原敬日記』六月二三日）、天皇は横田大審院長や松室検事総長、原内相などを呼びつけて注意を与えていました。ところへこの赤旗事件が起こり、不敬の落書事件が田中宮相の耳にまではいり、西園寺内閣はたいへん苦しい立場に立たされました。その上、西園寺は寺内陸相から、山県が陸相に辞任を強制し、内閣の破壊工作をすすめていることを知って嫌気がさし、ついに内閣投げ出しを決意しました。巷説では、西園寺内閣は元老山県によって「毒殺」されたのだといわれています。

こうして一九〇八年（明治四一）七月四日、西園寺内閣が総辞職し、七月一四日、第二次桂太郎内閣が成立しました。

新内閣は、社会主義運動を双葉のうちに刈りとるため、出版、集会に大弾圧をとる方針を打ち出し、社会主義者の取り締まりについても前内閣とうってかわった厳罰主義をとり、明治天皇にたいする山県上奏のうらづけをすることを桂新内閣の使命としたのです。こうして日本の社会主義者へのいっせい検挙は今や時間の問題となっていたのです。

いわゆる「大逆事件」の真相

上京途上直接行動論を説く

「赤旗事件」の弾圧で東京の同志が大量検挙された時、幸徳秋水は郷里の高知県中村で病気の保養をしながら、クロポトキンの『パンの略取』を翻訳していました。

「サカイヤラレタスグカエレ」

事件当日、あやうく難をまぬがれた東京の同志守田有秋からの知らせに次いで、まもなく新聞や通信で「赤旗事件」の詳報を聞き知った幸徳は、一九〇八年（明治四一）七月二〇日、近親たちに見送られて下田港から乗船し、途中、高知で横田金馬、杉指月に会い、七月二四日夜六時、紀州の勝浦に上陸して同所に一泊、二五日朝、新宮町の同志大石誠之助（号縁亭）というドクトルのもとに立ち寄りました。幸徳は、最初、四、五日の逗留のつもりらしかったのですが、疲労から痼疾の肺結核の病状が悪化して、結局八月八日まで一六日間も新宮に滞在することになりました。その間に高木顕明が住職をしていた馬町の浄泉寺で談話会をひらいたりしました。

幸徳の滞在は、七月中旬から八月八日までの暑いさかりでありましたが、大石は遠来の客をもてなすため、友人や家族たちと共に熊野川で「海老かき」をやりました。ところが、この昼日中の船遊びが、後日、大審院検事局によって、「月夜熊野川ニ船ヲ浮べ……」とごていねいにも書き割りの月まで書きそえて、「熊野川ノ密議」という大逆陰謀の発端にでっちあげられたのであります。

幸徳は八月四日に新宮を発し、海路鳥羽に上陸、八月一二日、箱根足柄の林泉寺に同志内山愚童を訪ねました。幸徳は、行くさきざきで平素の彼の持論である直接行動論――ゼネストはじめ労働者の直接行動でこれからの闘争はたたかわねばならないとさかんに説きましたが、のちにこれらの言動はすべて、宮下太吉らの明科事件(後出)に結びつけられて大逆の陰謀予備にでっちあげられたのであります。

「赤旗事件」の判決

八月一四日、幸徳は東京に着き、一五日からは、東京地方裁判所の法廷でひらかれていた「赤旗事件」の傍聴席に姿を現わしました。八月二九日には赤旗事件の判決が下り、堺利彦以下一三名は、官吏抗拒罪および治安警察法違反として、それぞれ次のように刑をいいわたされました。この判決は想像をこえた厳罰主義でした。

大杉栄(24)――重禁錮二年六か月・罰金二五円、前刑一年六か月通算。堺利彦(39)――重禁錮二年・罰金二〇円。山川均(29)――同上。森岡栄治(24)――同上。宇都宮卓爾(26)――重禁錮一年六か月・罰金一五円。荒畑勝三(22)――同上。佐藤悟(26)・村木源次郎(20)・百瀬

晋（19）・大須賀サト子（27）・徳永保之助（20）・小暮れい子（19）――以上六名、重禁錮一年・罰金一〇円、ただし徳永、小暮は執行猶予五年。管野すが（28）・神川マツ子（23）――無罪。これに加えて、佐藤悟は、例の落書事件の冤罪《えんざい》で、不敬罪にかかり、重禁錮三年九か月・罰金一五〇円に処せられました。

平民社での革命談義

その後、幸徳は柏木九二六の守田有秋の旧宅（金曜社）に、岡野辰之助の名前を借りて居を定め、平民社の本拠としました。

こうして幸徳が東京に帰ってきますと、九州の新美卯一郎、坂本清馬、大阪の森近運平、箱根の内山愚童などが上京してきて、平民社に出入りし、クロポトキンの著書などをめぐって革命の方法などがいろいろ討論されました。

また『パンの略取』は坂本清馬の名儀で秘密出版され、同志の間に頒布されましたが、当然、発禁となり坂本は起訴されて三十円の罰金を課せられました。（一九〇九年一月）

一九〇八年の一〇月には、平民社は巣鴨村二〇四〇番地に移転しました。

一一月の一〇日頃には、紀州から私用で大石誠之助が上京し、一九日には平民社を訪ねましたが、そのさい、パリーコンミューンの話が出て、そのあとで日本でも革命が起こったらどうなるこうなるという雑談をやったことがありました。

「……コンミュンの乱ではコンナことをやったが、夫れ程のことは出来ないでも一時でも貧民に暖く着せ、飽《あく》まで食せたいといふのが話しの要点でした。是れとても、無論直ちに是が実行しやうといふのではなく、今日の経済上の恐慌不景気が若し三、五年も続いて、餓莩《がひょう》途《みち》に横《よこた》はるやうな惨状を呈するやうになれば、此暴動を為《な》しても、彼等を救うの必要を生ずるということを予想したのです。是は最後の調書のみでなく、初めからの調書を見て下されば、此意味は充分現はれて居ると思ひます。」(「三弁護人あての幸徳の弁明書」)

大石は二六日に東京を去りましたが、同じ頃、『熊本評論』の松尾卯一太が上京して平民社を訪ね、同じような革命談の花をさかせました。

大石は新宮への帰途立ち寄った京都や大阪や神戸で、帰宅後は新宮でいろいろな同志に会って、みやげ話に東京平民社での革命談義を披露しました。これが後に大逆の陰謀予備ということになり、決死隊員の募集というようなことにされてしまいました。

松尾が熊本に帰って、新美や飛松に東京の景気のいいみやげ話をしてきかせたことも同様、大逆の陰謀にされてしまいました。

宮下太吉

こういうことになった火元はといいますと、愛知県、亀崎工場の機械工宮下太吉が、天皇というものに疑問をいだくようになり、ロシアのナロードニキのような天皇暗殺をやって日本国民の迷夢をさまそうとしたことに端を発します。

宮下太吉は一八七五年（明治八）九月三〇日、山梨県甲府市の若松町に生まれました。小学校の補習科を出てから、一六の年に機械工の見習いとなり、東京、大阪、神戸、名古屋の大工場をわたり歩いているうちに、きたえられて、腕のいいりっぱな機械工になりました。

彼が愛知県の亀崎工場にはいったのは一九〇二年（明治三五）の頃で、この工場は一八九四年（明治二七）に創立され、製材の機械や蒸気機関をつくるために、工員徒弟あわせて一〇〇人近くの労働者が働いていました。

宮下を知る生存者の一人天木悦太郎の話によりますと、亀崎に来る前、宮下は大日本車輛会社の熱田工場につとめていて、熱田遊廓に出入りする血の気の多い青年であったといいます。不合理な社会にたいして何かしら反抗せずにはいられない気持を酒と女の刺激にまぎらわしているという青年でした。（神崎清『革命伝説』）

亀崎工場にいたころから宮下は社会主義文献を読みはじめましたが、彼が、日本の天皇制に疑問を感じ反逆を志す動機になったのは、煙山専太郎の『近世無政府主義』を読んでロシアのナロードニキの運動に感激し、また早稲田大学の某に教えられて、一九〇七年（明治四〇）一一月、大阪の『日本平民新聞』を主宰する森近運平を訪問したことにはじまるといわれています。その時、森近は、久米邦武の『日本古代史』から学んだ知識で皇室の起源を語り、旧来の日本史観をひっくりかえしてみせ、宮下を感心させたということです。

その後、一九〇八年（明治四一）、片山潜が東海遊説の途すがら亀崎を訪れた時、宮下は日頃疑問にしていた日本の天皇制とその変革の問題について片山に説明をもとめましたが、片山の議会主義的答弁は宮下を満足させることができませんでした。

この年の十一月三日、亀崎町の宮下の家に『入獄記念　無政府共産　小作人はなぜ苦しいか』という「赤旗事件」記念出版（秘密出版）のパンフレットが数十部送りとどけられてきました。このパンフレットは箱根太平台、林泉寺の内山愚童が秘密出版したものでした。これを読んで宮下は、森近運平宛に手紙を出し、国民の迷信をさますためには天子を斃《たお》す必要があるということを詳しく書いて、もし東京で事があれば、直ちに出京して実行に加わると書き添えました。そしてこの手紙は、森近から幸徳に見せられ、幸徳ははじめて宮下太吉の存在を知ったのです。

たまたま一九〇九年（明治四二）二月、宮下は、東京に機械据付のため上京したさい、巣鴨の平民社を訪ね、幸徳に、天皇を斃すという自分の決意を打ちあけましたが、幸徳は、「さような方法も必要であろう。今後はさようなことをやる人間も出なければならぬ」といっただけで、積極的に計画に参加するとはいいませんでした。また宮下は旧知の森近運平にも相談しましたが、彼は、「自分には妻子もあることだから……」とこの計画に加わることをハッキリとことわりました。

管野すが

「赤旗事件」被告の管野すがは、一九〇八年（明治四一）八月末に神川マツ子とともに無罪放免となりましたが、その後、執拗《しつよう》に警察の尾行がつきまとうので、ついに勤務先の『毎日電報』の方も馘《くび》になり、たちまち生活の危機に直面しました。

その上、長い間の未決の拘禁生活で持病の肺結核もやや進んだので、年が明けて一九〇九年の二月頃、幸徳の経済的援助に頼って鎌倉のお寺に転地療養することになりました。

妻千代子を離別

これより前、一九〇九年（明治四二）の一月なかば、土佐に残っていた千代子夫人が上京して来ました。しかし、幸徳は、彼女は革命家の妻としては不適当だし、これからの荊棘《けいきょく》の道を歩ますのには忍びないと思っていました。ことに千代子の姉の夫、松本安蔵が名古屋控訴院の判事をしており、この方面から幸徳の社会運動に反対で、干渉的にやかましくいって来ます。夫と姉との間にはさまって、いつも困惑しているらしい千代子の姿を見て、心を重くしている矢先、「赤旗事件」の公判の直後から幸徳と管野すがとの間に恋愛関係が生じました。

三月のはじめ、幸徳は千代子夫人と離別しました。彼女を名古屋の姉須賀子のもとに送り出すと、新宿駅に近い、千駄ヶ谷二子新町うらの新居に引越し、ここで幸徳と管野の同棲生活がはじまりました。

幸徳秋水と管野すが

孤立する幸徳と管野

幸徳は管野と共に、古河力作、村田四郎、戸恒保三、竹内善朔らの応援を得て、五月二五日には『自由思想』を発刊しました。しかし、一、二号とも発禁となり、七月には廃刊届を出さざるを得ませんでした。その頃、幸徳と、入獄中の荒畑寒村との内縁関係にあった管野すがとの恋愛問題が同志の間に物議をかもし、在京の青年主義者のうち幸徳から離反するものが多く、幸徳と管野はともすれば孤立状態に立たされました。

天皇暗殺計画

宮下太吉はその後、五月二五日付の亀崎からの手信で、幸徳に、爆裂弾の薬品の調合がわかったら主義のために斃れるといって来ましたので、同月二八日、幸徳は管野すがに代筆させて宮下に返辞を出しました。その内容は、爆裂弾のできることは大いによろこばしい、管野もまた共に主義のために働きたいというようなことを書き添えました。

六月のはじめ、宮下は亀崎の工場から信州明科の製材所に職工長として転任することになりましたが、その赴任の途中、六、七の両日、東京千駄ヶ谷の平民社に立ち寄り、幸徳や管野に会い、天皇暗殺の相談をもちかけ、幸徳や管野は、別に賛成とも反対ともいわず、ただ幸徳の書生同様にしている新村忠雄と古河力作の二人を信頼できる人物であるからと暗に宮下に推薦しました。

その後、宮下は管野、新村と連絡をとりながら爆裂弾の製法を研究し、一九〇九年（明治四二）一一月三日（一〇日ともいう）、明科の山奥・会田川沿いの通称継子《ままこ》落《おと》しで爆発実験に成功し、その後宮下、新村、管野等は実行の時期を一九一〇年（明治四三）の秋と決めましたが、東京（後に湯河原）と信州にバラバラに生活基盤をおくため、そうひんぱんに連絡もとれず、そのうち宮下は身辺の女性関係から決心もにぶりがちでした。幸徳はこれらの事情を全く知らなかったのではありませんが、こうしたナロードニキ型の天皇暗殺計画にはもう一つ乗気にならず、また管野や新村たちも幸徳は文筆の人であるからというので、意識的に幸徳をこの計画から遠ざけるようにしていたのです。

一九一〇年（明治四三）三月、幸徳は手も足も出ない前線をしりぞいて、友人小泉三申の勧告に従い『通俗日本戦国史』を執筆のため、家財を処分して東京を引きあげ、管野すがと共に湯河原天城屋旅館におもむきました。

この年の五月、管野は、『自由思想』発禁の罰金がはらえず、換金刑に服するため入獄、その前日、新村、管野、古河の間で最後の打ち合わせを行ない投弾者の順番を決めました。こうして、宮下らの計画はすべて管野の出獄まちとなっている間に、かねて宮下の身辺を探っていた信州松本署のスパイ活動で、宮下の爆弾製作の一件が探知され、五月二五日から検挙がはじまりました。

幸徳の送局と事件のフレームーアップ

幸徳の送局　一九一〇年（明治四三）五月三一日、長野地方裁判所の三家検事正は、松室検事総長の指揮を仰いだ上で、宮下太吉、新村忠雄、管野すが、古河力作と、爆薬製造用の薬研《やげん》を貸した新村善兵衛という忠雄の兄と、宮下に頼まれてブリキ罐を作った新田融と幸徳秋水の七名を刑法第七三条に該当する罪として大審院の検事局に送局しました。

幸徳は六月一日、湯河原の天城屋から上京のため駅に向かう途上で東京から来た判検事の一行（大田黒検事正、服部検事）によって検挙されましたが、後日、小山松吉は『日本社会主義運動史』の中でその送局の事情を次のように語っています。

「幸徳傳次郎は此の事件に関係のない筈はないといふのが、当時関係官吏一同の意見であったのであります。管野スガはその内縁の妻であり、新村忠雄も宮下も幸徳に無政府共産主義を鼓吹せられて、弟子同様になって居る者でありますから、幸徳が此の事件に関係のない筈はないと断定した。松室検事総長も幸徳を共犯と認定する意見でありましたから証拠は薄弱でありましたが幸徳も同時に起訴するようになったのであります。」

実は、はじめからこの幸徳が敵の最大の目標であったのです。

刑法第七三条

ここにいう刑法第七三条というのは、「天皇、大皇太后、皇太后、皇后、皇太子又ハ皇太孫ニ対シ危害ヲ加ヘ又ハ加ヘントシタル者は死刑ニ処ス」（旧刑法第二篇第一章「皇室ニ対スル罪」）という規定がそれであり、ここにいう「危害」とは、生命、身体、自由にたいする実害または具体的危険を意味し、「危害ヲ加ヘントシタル」とは、危害を加うべき一切の企行、すなわち、実害または具体的危険の発生前における一切の行為——予備・陰謀・幇助《ほうじょ》等——を含むとのことであります。したがって犯罪では教唆や幇助は独立の犯罪となり、教唆犯や従犯に関する刑法の適用をうけません。しかも、その処刑は死刑ただ一つであります。無罪か死刑か二つに一つというおどろくべき法律であります。

その上、当時の裁判所構成法によりますと、刑法第七三条にあたる事件をあつかう裁判所は大審院（今日の最高裁）だけときめられていましたから、ここでの裁判は「第一審ニシテ終審」というわけでこれ以上、上告の道がない、一回きりでおしまいなのです。

事件のフレーム－アップ

事件の検挙がはじまりますと、大審院検事総長の松室致や、平沼騏一郎次席検事、有松警保局長などは東京地裁に捜査本部をおき、このさい、日本中の社会主義者、無政府主義者を一網に打ちつくそうと活動をはじめました。宮下以下三、四人の陰謀予備（明科事件）を、幸徳秋水を首魁《しゅかい》とする全国的大逆事件にすりかえ、拡大してしまったのです。

大逆事件審議の検事小山松吉の書いた『日本社会主義運動史』によりますと、元老某が小山を呼び出して、取り調べなどは大いそぎでやって、関係者は一人残らず死刑にしてしまえと圧力をかけたと記しています。また平沼騏一郎の『回顧録』には、被告のうち、三名だけは有罪の確信がないままに死刑にしてしまったことを白状しています。

こうして二六名の被告のうち、一二名が大逆罪で死刑（幸徳、管野、森近、宮下、新村忠、古河、奥宮、大石、内山、成石（平）、松尾、新美）、一二名が恩赦減刑で無期（高木、崎久保、飛松、坂本、成石（勘）、佐々木、岡林、三浦、武田、小松、峰尾）、あとの二名が爆発物取締規則違反で一一年（新田）と八年（新村善）の有期刑ということになりました。

当時の弁護士今村力三郎は、

「予は今日に至るも該判決に心服するものに非ず、殊に裁判所が審理を急ぐこと奔馬のごとく、一人の証人すらこれを許さざりしは、予の最も遺憾としたる所なり」

と述べており、被告の一人管野すがの手記には、

「今回の事件は無政府主義者の陰謀というよりも、むしろ検事の手によって作られた陰謀という方が適当である」

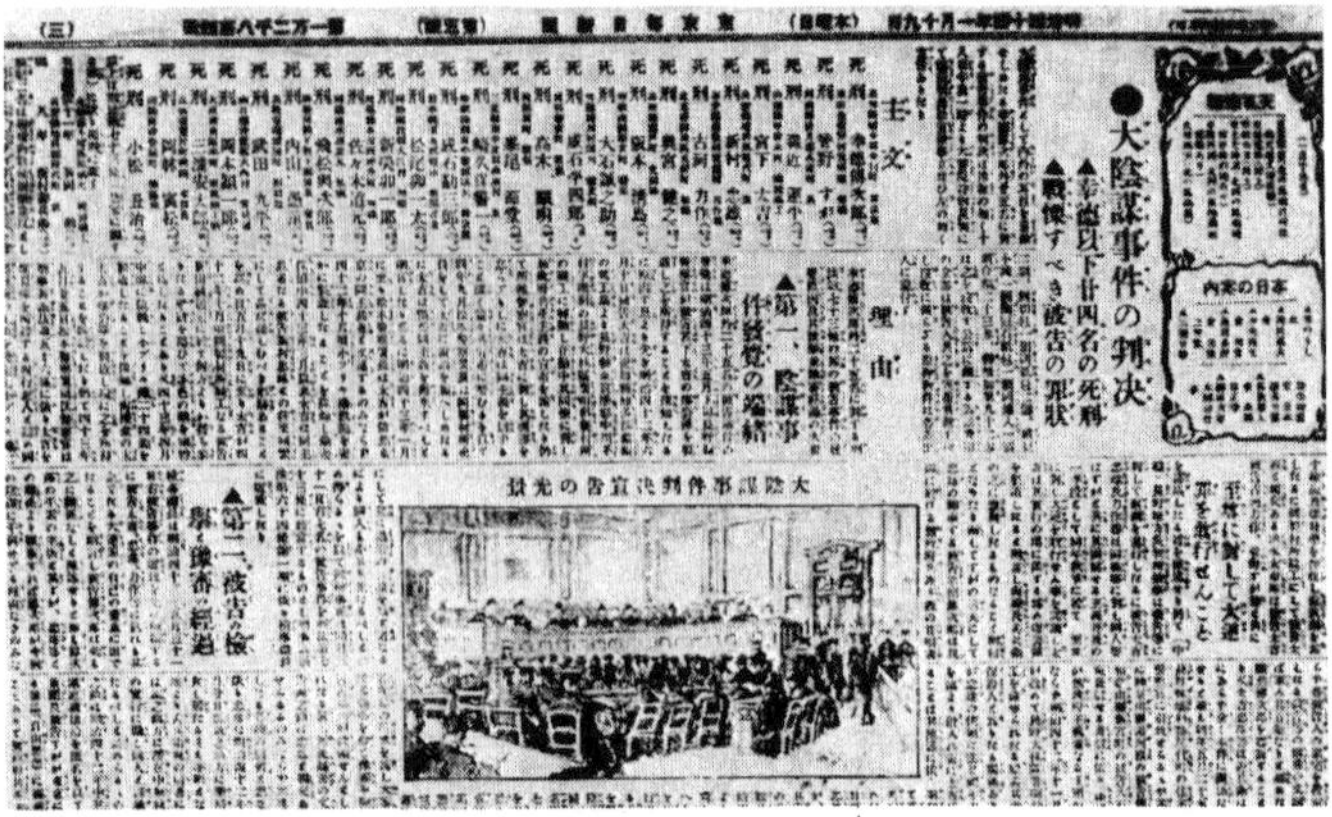
大陰謀事件の判決
幸徳以下廿四名の死刑
戦慄すべき被告の罪状
主文
理由
大陰謀事件判決宣告の光景

大逆罪の判決を報ずる新聞

と記し、幸徳、宮下、新村、古河、自分とこの五人以外のことは、すべて煙のような過去の座談を強いてこの事件に検察当局が結びつけてしまったものであると述べています。

幸徳は、一二月一八日、獄中から、磯部四郎、花井卓蔵、今村力三郎の三弁護士にあてて陳弁書を書き送り、「幸徳が暴力革命を起こし」云々の言葉が、多数の被告を出した罪案の骨子になっているにかかわらず、当局の無政府主義の革命にたいする考え方が全く勝手気ままな解釈であって、そのために事件の真相を歪めていることについて弁明を試みています。

「無政府主義が一般に革命運動と称しているのは、直ぐ革命を起す事でもなく、暗殺暴動をやる事でもありません。唯だ来らんとする革命に参加して、応分の力を致すべき思想知識を養成し、能力を訓練する総ての運動を称するのです。」

しかし、厳刑酷罰をもって皇室に忠なるものとする固陋な裁判官が、こうした意見に耳を傾けるはずもなく、弁護人の弁論など全く耳にはいらないというのが当時の実状でした。

以上がいわゆる大逆事件の概略であり、これが時の桂反動内閣の政治的予断によるフレームアップであったことは、その事件の経過によって明らかなことです。ただ、当時の幸徳らの運動が大衆に根をもたない、ひとにぎりの知識人や小市民の運動で、大衆と共にたたかうという姿勢がなく、かって暗殺や爆弾はすでに一九世紀の遺物であると宣言した幸徳が、たとい消極的にせよ、ナロードニキ型の宮下らの個人的テロル計画に同調した結果になったことは、この事件の被害を大きくさせた原因となり、桂内閣の弾圧政策に乗ずる隙《すき》を与え、当時の運動に大きな犠牲をかけた点は、今日においてもよく反省されねばならない歴史的教訓であると思われます。

獄中における幸徳

一一月一〇日、接見通信の禁止がとけたとき、幸徳は直ちにまず郷里の母多治に手紙を書きました。

獄中からの手紙

「今日から面会も手紙も出す事も出来るやうになりましたから差上げます△まことに此度はトンダ事で一方ならぬ御心配を相かけました、不孝のつみ、何ともおわび申やうも御座いません、何事も私のおろかなる故と御ゆるしを願ひあげます△おからだはいかがですか、私は先日すこし持病の腸で病ひましたが、此せつは全くようなりました。あたゝかく着て、おいしくたべて、好きな本を読んだり、詩を作ったりして居ますからお気遣ひないやうに願ひます△人間のことはわかりません、又よいこともまいりませうから、なるべくからだを大切にして御まち下さいまし△コンナ詩が出来ました、友衛にでもよませて御聞き下さいませ。

鳩鳥喚晴烟樹昏　愁聴点滴欲消魂
風々雨々家山夕　七十阿嬢泣倚門

鳩鳥晴を喚《よ》んで烟樹昏《くら》し　点滴を愁《うれ》え聴《き》いて魂消えんとす

風々雨々家山の夕　七十の阿嬢泣いて門に倚《よ》る

宛名は幸徳多治――それが風々雨々の家山の夕に、泣いて門に倚る七十の阿嬢その人でありました。

同じく一〇日の堺利彦宛の書翰には、

「……僕は昨春来失敗だらけで君も帰って見て嘸《さ》ぞ驚いたらう。創痍殆んど完膚なく、四面楚歌の中で相談相手になるものは一人もないのだから、君が居てくれたならと思ったのも幾度かしれぬ……考へれば考へる程宿命論の信者になる。遺伝の因と境遇の縁とが作り出す運命てふ大波には、意志の自由も力もあったものではない。但《ただ》一片《いっぺん》の木葉《このは》の漂《ただよ》ふと相似《あいに》たりだ。」

とあり、次の詩が書き送られました。

獄中所感

昨非皆在我　何怨楚囚身
才拙惟任命　途窮未禱神
死生長夜夢　栄辱太虚塵
一笑幽窓底　乾坤入眼新

昨の非は皆我に在り　何ぞ楚囚の身を怨まん
才拙くして惟命に任かす　途窮すれど未だ神に禱らず

死生は長夜の夢　栄辱は太虚の塵
一笑す幽窓の底《ところ》　乾坤眼に入って新なり

げています。

獄中での執筆

一方、幸徳はこの獄中で、予審終結と公判開始の中間に『基督抹殺論』を書きあげています。この書のテーマは、かって彼の渡米中、アルバート＝ジョンソンと共に図書館で、ブロフ＝カーキンの『リベラル－レヴイユ』にのせた論文を読んで、「十字架は生殖器崇拝のシンボルである」という意見に感動して以来、その構想をあたためていたものでした。

『基督抹殺論』を脱稿して後、日本紙の原稿用紙（四〇〇字詰）一一八枚とじに、毛筆で墨書した『死刑の前』という獄中手記があります。その中で幸徳はこう書いています。

「自分は、長寿必ずしも幸福でなく、幸福は唯だ自己の満足をもって生死するにありと信じて来た。もしまた人生に社会的価値とでも名づくべきものがありとせば、それは長寿にあるのではなくて、その人格と事業とが、四囲および後代に及ぼす感化影響の如何にありと信じていたし、今もかく信じている。

不幸短命にして病死しても、正岡子規や清沢満之の如く、餓死しても伯夷や杜少陵の如く、凍死しても深草の少将の如く、溺死しても佐久間艇長の如く、焚死しても快川国師の如く、震死しても藤田東湖の如くならば不自然の死も却って感嘆すべきではないか。或は道のために、或は職のために、或は意気のために、或は恋愛のために、或は忠孝のために、彼等は生死を超脱した。とにかく、自己の生命より重しと信ずるもののために、力の限り働いて倒れて後、已まんことは、先ずその死所を得たもので、その社会人心に影響するところも決してすくなくないのである」

母、多治との面会と母の死

最後の面会を期して母多治が養子の駒太郎にともなわれて上京したのは一一月の終わりのことで、多治は四谷永住町の旅館に泊り、堺利彦の案内で市ヵ谷監獄で秋水に面会し、その後小泉三申を訪ね、三申は不在でしたが、小泉夫人とゆっくり話し、互いに手を取り合うようにして泣きました。もうこれでこの世に思い残すことはないといって多治は高知に帰って行きました。

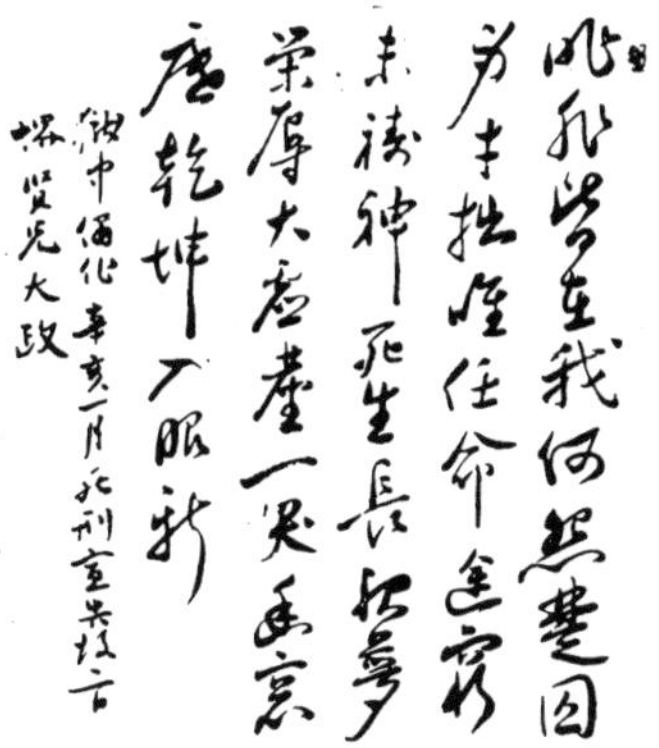

獄中の詩―堺利彦あて書簡から

その年の一二月二七日、多治は中村で病没しました。明治四四年の一月一日、獄中でその母の訃音に接した時の幸徳の詩が伝えられています。

辛亥歳朝偶成

獄裡泣居先妣喪　何知四海入新陽

昨宵蕎麦今朝餅　添得罪人愁緒長

辛亥（？）歳朝の偶成
獄裡に泣居して妣の喪を先《さき》く　何んぞ四海の新陽に入るを知らん
昨宵の蕎麦今朝の餅　添え得たり罪人の愁緒長きを
「大晦日には蕎麦《そば》、今朝は餅をくれたのだ……モウ浮世に心残りは微塵《みじん》もない、不孝の罪だけで僕は万死に値ひするのだ」
と幸徳は堺利彦に書き送っています。

死刑執行

一月二四日、幸徳は処刑されましたが、その二、三日前のこと、彼は教誨師《きょうかいし》沼波政憲に向かって、

「私が死刑の執行をうけるのは、事件の成行上止むを得ませんが、唯気の毒に思うのは我々とともに死刑宣告をうけた人々である。彼らの中には親のあるものもあり、妻子のあるものもある。今更なんというたところで致し方がない。同じ船に乗り合せて海上難風に遭い、ともに海底の藻屑となったと諦めてもらうより外はない」と語ったといいます。

二四日、幸徳は監房から引き出されて死刑執行の旨をつげられた時、彼は典獄に向かい、原稿の書きかけが監房内に散乱しているから今一度監房へ戻してもらいたい。そうすれば原稿を整理して来ますからと願いましたが許されませんでした。もっとも彼はその朝まで筆を執って『死刑の前

に』を書きつづけていたのでした。

彼が絞首台に上るや従容《しょうよう》として挙止いささかも取り乱した様子は見えませんでしたが、あるいは強く平気を装うたのではなかろうかと沼波教誨師は語っています。

彼の死亡時刻は一月二四日の午前八時六分でした。

一月二五日の夜七時頃から、絞られた同志の屍体を引き取りに行った堺利彦、大杉栄、吉川守圀たちは蓋に姓名を墨書した一二名の棺の前に立った時思わず胸がいっぱいになり、さすが豪胆な大杉さえも悄然とし、堺夫人、大杉夫人などのすすり泣きの声がやまなかったといいます。

「僕は思わず叫んだ。この日何時か滅びん、吾汝と共に滅びん。」

と吉川守圀は書いています。時に幸徳、年四十一。

屍体は落合火葬場において荼毘に付しました。墓は高知県中村市字山際正福寺の墓地にあり、碑銘は小泉三申が書きました。

むすび

言論の自由も結社の自由もなく、普通選挙も行なわれず、立憲制の仮装はしても、その本質においては全く専制主義であった天皇制の日本で、まだ労働者階級の中に組織的なささえをもたない少数の社会主義者の運動は、変革の思想を深めれば深めるほど天皇制権力との決死の対決に至ることは一つの歴史的必然でありました。

しかし、幸徳ら直接行動論者のめざしたのは「抽象的」な革命であり、日本の革命はいかにして可能であり、その歴史的な担い手が誰であるかが明確にされないままでした。このように資本主義発達の未熟な明治日本で、未熟な革命理論が飛び出したことは、また避けることのできない一過程でありましたが、しかも幸徳秋水が、資本主義的搾取の本質を探究して、剰余価値（当時はまだ、価格という表現はとっているにせよ）こそがたえず増大する資本量を資本家のもとに積み上げることによることをつきとめ得た功績（『社会主義神髄』その他）は、当時の日本社会の歴史的要請に応えたものであり、社会問題の解決に正しい方向を指し示したものでありました。

また日露戦前、戦中におけるはげしい反戦運動、非戦論としてほとばしり出た幸徳の諸論文は、その気魄のはげしさ、戦争を批判する視角の鋭さにおいて、今日においても一読襟を正さしめるものをもっています。

「彼は五尺に満たざる小男であったが、精悍《せいかん》の気、眉宇《びう》の間に現われるという風貌で、文章弁論共に殺気をおび、常に後進の渇仰を博していた」

と堺利彦が書いていますが、その生涯をつらぬいて、つねに日本人民の幸福を念頭第一とし、いささかも私情にわずらわされず、一身を献げて生涯を日本人民のために戦った、そのはげしい革命家としての情熱は、片々たるオポチュニストの断じてよくなし得るところではなかったと思います。

片山潜もまた『わが回想』の中で、

「無政府主義者となってからの幸徳は、社会主義の陣営を攪乱して我が邦の運動を動揺せしめ、官憲をして圧迫の口実を与える結果を齎《もたら》したが、社会主義者として、社会民主党創立者の一人として、我が運動に多大の貢献をして来た。彼は革命的気概の所有者であった。」

と幸徳の歴史的役割を正しく評価しています。

一九〇七年（明治四〇）以降、幸徳が急速にアナーキズムへの理解を深めていったことは事実ですが、一九〇九年（明治四二）の後半から一〇年にかけては、病弱や弾圧の故もあって、アナーキズム的な評論・活動もそれほどめだっていません。その結果が大逆事件への連座でした。

荒畑寒村氏はかって、幸徳は第二インターの右傾化に反発したのだが、まだマルクス主義にたいする認識が不足していたのではないか。根っからのアナーキストといえば大杉栄の名をあげた方があたっており、幸徳がマルクス主義について、より深い知識があったら、もっと違った道をたどっていたのではあるまいかと筆者に話されたことがありました。幸徳秋水を知る人としての含蓄のある人物評価であると思います。

参考文献

著　作

幸徳秋水全集　全九巻　別巻二巻　明治文献　昭43—48
幸徳秋水選集　全三巻（絶版）　世界評論社　昭25
幸徳秋水の日記と書簡　塩田庄兵衛編　未来社　昭40
日本の名著　幸徳秋水　中央公論社　昭45

岩波文庫には、社会主義神髄・帝国主義・麵麭の略取・基督抹殺論・兆民先生、兆民先生行状記がおさめられています。

研究書

幸徳秋水評伝　社会経済労働研究所編　伊藤書店　昭22
幸徳秋水伝　絲屋寿雄著　三一書房　昭25
幸徳秋水　田中惣五郎著　理論社　昭30
（復刻）　三一書房　昭46
幸徳秋水　西尾陽太郎著　吉川弘文館　昭34
幸徳秋水研究　絲屋寿雄著　青木書店　昭42
幸徳秋水　飛鳥井雅道著　中央公論社　昭44
実録　幸徳秋水　神崎清著　読売新聞社　昭44
幸徳秋水と片山潜　大河内一男著　講談社　昭47
幸徳秋水　坂本武人著　清水書院　昭47
大逆事件記録第一巻・獄中手記　神崎清編　実業之日本社　昭25
大逆事件　絲屋寿雄著　三一書房　昭35
（増補改訂版）　三一書房　昭45
革命伝説　上・下巻　神崎清著　中央公論社　昭35
秘録・大逆事件　塩田・渡辺編　春秋社　昭36

大逆事件　神崎清著　筑摩書房　昭38

革命伝説——大逆事件の人びと　全四巻　神崎清著　芳賀書店　昭43

大逆事件アルバム——幸徳秋水とその周辺——　幸徳秋水全集編集委員会　明治文献　昭47

日本アナキズム運動史　小松隆二著　青木書店　昭47

管野すが　絲屋寿雄著　岩波書店　昭45

大石誠之助　絲屋寿雄著　濤書房　昭46

奥宮健之　絲屋寿雄著　紀伊国屋書店　昭47

日本社会主義の黎明　絲屋寿雄著　新日本出版社　昭47

日本の唯物論者　三枝博音著　英宝社　昭32

明治社会主義史料集　全八巻　別巻四巻　明治文献　昭35

社会主義沿革　上・中・下　内閣警保局　近代日本史資料研究会　昭31—32

資料・日本社会運動史　全六巻　青木書店　昭43

中村市史　中村市史編纂室　昭44

論文

元老山県有朋への書簡　大原慧　東京経済大学会誌第三九号

幸徳秋水の家系について　大原慧　東京経済大学会誌第七六号

幸徳秋水年譜

西暦	和暦	年齢	年譜	時代的背景
一八七一	明治四	一	9・23（陰暦）午前三時、高知県幡多郡中村町一一三番屋敷（現在中村市京町二丁目）に生まれる。幸徳家は町老役《ふけやく》の家柄で、酒造業と薬種業を兼業。傳次郎は父篤明と母多治の間に生まれた三男三女の末子。秋水の号は後年、中江兆民の命名によるという。	7・14 廃藩置県が行なわれた。
七二	五	二	8・14（陰暦）父篤明に死別。	11・28 全国徴兵の詔が発せられた。
七三	六	三		7・28 地租改正が行なわれた。 10・24、25 征韓論が斥けられ、西郷隆盛・板垣退助らが下野した。
七四	七	四		1・12 東京で愛国公党が組織された。

				1・17 民選議院の設立を建白した。 2・3 加藤弘之が民選議院設立尚早論を発表し、次いで大井憲太郎がこれを反駁して、民選議院論争が行なわれた。 2・4 江藤新平が佐賀で乱を起こした。 4・10 板垣退助が高知に立志社を創立した。
一八七五	八	五		2・22 板垣らが大阪で愛国社を創立した。 4・14 立憲政体の詔が発せられた。
七六	九	六	10・28 母多治の従兄安岡良亮（当時・熊本県令）が、神風連の一党におそわれて深手を負い、年五二で亡くなった。 12月 満五年二か月で、中村小学校下等第八級に入学。	3・28 佩刀《はいとう》が禁止された。 8・5 金禄公債発行条例が布告された。 10・24 熊本で神風連の乱が起こった。 10・27 秋月の乱が起こった。 10・31 萩の乱が起こった。 12・19 三重県下から農民の大規模な一揆が起こった。
七七	一〇	七		1・4 詔書を発し地租を地価の二分五厘に減じた。

				1・30 西南戦争がはじまった。 6・9 片岡健吉が立志社建白書を京都の行在所に提出した。 8・8 立志社の獄が起こり、まず林有造が、次いで片岡健吉が続々と逮捕された。 9・24 西郷隆盛が敗死した。 12・27 服部徳訳『民約論』が出版された。
一八七八	一一	八		5・14 大久保利通が暗殺された。
七九	一二	九	木戸明の修明舎にはいる。	8月 コレラ流行や米価騰貴のために、各地に無産民の暴動が起こった。
八〇	一三	一〇		4・5 集会条例が布告された。 4・10 国会期成同盟大会が解散を命ぜられた。 4・17 片岡健吉・河野広中が国会開設願望書を提出したが、拒否された。 5・20 地租改正条例による地価修正が明治一八年まで延期された。

一八八一	一四	一一	6・14　中村小学校上等第四級卒業。 9月　中村中学校（高知中学中村分校）に入学。	6・7　神奈川県有志二万三千が国会開設を建言した。 11・10　国会期成同盟第二回大会が東京でひらかれた。 11・11　愛国社の解散が議決された。 3・18　『東洋自由新聞』が創刊された。 3月　大隈重信が国会開設を建議した。 4・25　交詢社の私擬憲法案が発表された。 5月　立志社に憲法調査局が設けられた。 7・5　岩倉具視が憲法起草の基本方針に関する意見を提出した。 8・25　新富座で開拓使払い下げ事件を攻撃する演説会がひらかれた。 10・13　一二日付で国会開設の詔書が発せられ、大隈重信が罷免された。 10・29　板垣退助、自由党結成。
八二	一五	一二		2・20　中江兆民が『政理叢談』を発行、次

			いで第二号以下に『民約訳解』（ルソーの『社会契約論』の漢文訳）を連載。 3・14 立憲改進党が創立された。 3・18 立憲帝政党が創立された。 4・6 板垣退助が岐阜で刺された。 5・25 樽井藤吉が東洋社会党を創立した。 6・25 自由党機関紙『自由新聞』創刊、中江兆民社説掛となる。 11・11 板垣退助が洋行の途に上った。 11・28 河野広中らの福島事件が起こった。
一八八三	一六	一三	3・20 頸城自由党員の天誅計画が発覚した（高田事件）。 4・16 新聞紙条例が布告された。 6・22 板垣が欧州から帰国した。 8・4 伊藤博文が憲法取り調べを終わって欧州から帰国した。
八四	一七	一四	一六～一七年 この頃米価低落、不作などの

				悪条件のため農村の不況その極に達し、農民が大量に土地を失った。 3・15　地租条例が布告され、地租減率と地価修正を行なわないことが示された。 5・13　群馬で自由党員が蜂起し、警察署などをおそった。 8月　武州多摩郡の借金党が不穏の動きを示した。 9・23　加波山で富松正安らが革命の兵を挙げた（加波山事件）。 9月　伊豆で借金党が不穏の動きを示した。 10・31　秩父騒動がはじまった。 10月　遠州の借金党が不穏の動きを示した。 11・8　村松愛蔵らが挙兵を企てた。
一八八五	一八	一五	6・20　県立中村中学校第三学年後期を卒業。 8月　中村中学、台風で校舎が倒壊し、廃	

			校となる。 この冬、学友と淡成会という結社をつくり、地蔵寺で研究会をひらく。 12月　宿毛から来た自由党の林有造を訪問。	11・23　大井憲太郎らの計画が発覚した（大阪事件）。 12・22　内閣の制度が定められ、伊藤博文が初代の内閣総理大臣となった。
一八八六	一九	一六	2月　自由亭における板垣退助歓迎会にのぞみ、祝辞を朗読する。 2・22　海路、高知に遊学。木戸明の遊焉義塾に寄寓。 4月末　肋膜炎にかかる。 8月　病やや回復し、いったん郷里中村に帰る。	5・1　条約改正談判が開始された。 11月　大井憲太郎が『時事要論』を出版した。
八七	二〇	一七	1月　再び高知におもむき、遊焉義塾に戻り、高知中学に通学。 7月　郷里中村に帰る。 8・17　高知に行くと称して上京。 8・20　高知着。 9・7　汽船出雲丸で高知発。	2・15　徳富蘇峰が『国民之友』を創刊した。 4・20　伊藤首相邸で仮装舞踏会が催された（いわゆる鹿鳴館時代）。 5月　中江兆民が『三酔人経綸問答』を出版した。 7・26　農商務大臣谷干城が条約改正に反対

			9・9 夕、横浜着。同行の友人にともなわれ林有造の書生となり、小石川丸山町岩村通俊の別荘に起臥し、林包明の英学館に通学。 12・10 無断欠席で、高知中学を除籍される。 12・26 保安条例により東京より追放され、飢えと寒さに苦しめられながら東海道を徒歩で西下する。	して辞職した。 7・29 条約改正談判が無期延期となった。 8・1 谷干城を表彰するため壮士三百余名が集合して運動会（デモ）を行なった。 9・16 外務大臣井上馨が辞職した。 12・26 保安条例が施行された。
一八八八	二一	一八	1・15 中村に帰郷。 6・24 宇和島より渡華をはかったが不成功。宇和島の高木行正方に寄食。その紹介で法円寺の一室に寓居、仏典を読む。 9月 退去令が解除される。 10月 帰宅。 11・2 再び東上の途につき、大阪で横田金馬の紹介で中江兆民の学僕となる。	1・15 中江兆民が『東雲新聞』を創刊した。 4・30 黒田清隆が内閣を組織した。 6・18 『日本人』に松岡好一の「高島炭坑の惨状」が掲載された。

一八八九	二二	一九	この年、角藤定憲・横田金馬らの日本改良演劇（壮士芝居）の旗挙げ興業のための脚本『勤王美談上野曙』を執筆する。 10・5　中江兆民の家族と共に上京。 この年、一月より『後のかたみ』を記録する。	2・11　大日本帝国憲法が公布され、国事犯が大赦された。 5・31　『ロンドンータイムス』紙上に報道された条約改正案の内容が『日本』紙上に掲載された。 10・18　大隈外務大臣が爆弾で傷つけられた。 12・24　山県有朋が内閣を組織した。
九〇	二三	二〇	6月　病む。千葉に転地。	1・21　大井憲太郎らの自由党が結党式を挙げた。 1・29　中江兆民が『活眼』誌上で憲法「点閲」の必要を論じた。 5・3　パリにある酒井雄三郎の通信「社会問題」が『国民之友』に掲載された。 6月　米価が暴騰した。

			9月　郷里中村に帰る。	7・25　集会及政社法が公布された。 12・23　大井憲太郎が『あずま新聞』を創刊した。
一八九一	二四	二二	徴兵検査不合格。 4月　上京、中江家に寄寓。 6月　病気のため一時白山心光寺に転居。国民英学会に通学。 7月　神楽坂小野道一（母方の親戚）方に移る。後、森川町に下宿する。	5・6　松方正義が内閣を組織した。 12・18　田中正造、衆議院に足尾鉱毒に関する質問書提出。
九二	二五	二三		1月　帝大教授久米邦武、神道は祭天の古俗という論文を書き大学を追放される。 7月　大井憲太郎が東洋自由党を組織した。
九三	二六	二三	3・1　国民英学会を卒業。 9月　板垣退助の主宰する『自由新聞』に入社。	
九四	二七	二四	3月　平河町一丁目に下宿。	1月　天満紡績のスト。 日清戦争はじまる。8・1より28・4・17

一八九五	二八	二五	2・11　東京を発して広島に行く。 3月　小田貫一の『広島新聞』に入社。 4月　退社。 5月　『中央新聞』に入社。	11・22　政府と自由党提携（板垣内閣）。 11月　木下尚江ら、信州松本近郊で普選運動を開始する。
九六	二九	二六	この年、母多治を迎え、麻布市兵衛町に同居、間もなく麻布御殿の近くに転居。福島郡三春辺の旧久留米藩士某の娘朝子と結婚、間もなく離婚する。	4・2　日本社会政策学会創立。 9・18　第二次松方（松隈）内閣成立。
九七	三〇	二七	4・3　社会問題研究会発足。石川安次郎の紹介で入会する。	3・2　足尾銅山鉱毒被害民代表四県八百余名、上京陳情。 4・3　高野房太郎ら職工義友会を結成。 7・5　職工義友会を改称し、労働組合期成会として発足。 12・1　鉄工組合結成。機関紙『労働世界』創刊。 12・28　第二次松方内閣総辞職。
九八	三一	二八	2月　『中央新聞』を去り、『万朝報』に	1・12　第三次伊藤内閣成立。

			はいる。 11月　社会主義研究会に入会。	6・22　自由党と進歩党と合同し、憲政党を結成。 6・30　大隈内閣（隈板内閣）成立。 7・16　民法全編施行される。 10・31　大隈内閣瓦解。 11・8　第二次山県内閣成立。
一八九九	三二	二九	7月　国学者師岡正胤の娘千代子と結婚。 10月　普通選挙期成同盟結成に参加、幹事となる。 11月　四国非増租同盟会に参加、幹事に選ばれる。	3・28　文官任用・分限・懲戒令公布。 5月　陸海軍省官制改正公布。陸海軍大臣現役大中将制確立。 6・30　条約改正の詔勅下る。 6月　大井憲太郎ら、小作条例期成同盟会、大日本労働協会を設立。
一九〇〇	三三	三〇	2・17、18　『万朝報』紙上に「治安警察法案」を草し、治安警察法に反対する。 3・11　母と共に帰郷し、15・16の両日老母のため還暦の賀宴をひらく。	1月　普通選挙期成同盟会、議会へ請願運動。 2・15　足尾鉱毒事件解決のため、田中正造、憲政本党を脱党。 3・10　政社及集会法廃止。治安警察法公布。 5・10　皇太子嘉仁親王（大正天皇）、九条節

			8・30 『万朝報』紙上に「自由党を祭る文」を発表。	子と結婚。 6・13 義和団、北京の各国公使館を包囲、同月各国出兵。 9・13 憲政党解党し、15日、立憲政友会結党（総裁伊藤博文）。 10・19 伊藤内閣成立し、政友会内閣できる。
一九〇一	三四	三一	4月 『二十世紀の怪物帝国主義』を警醒社より刊行。 5・18 社会民主党を結成、19日に届け出、20日禁止される。 7・20 万朝報社内に「理想団」結成され、これに参加する。 8・2 中江兆民の病床を見舞うため堺に向かう。8日、帰京。 12・9 足尾鉱毒事件について田中正造のために直訴文を起草。10日、田中直訴。 12・13 中江兆民死す。	2月 二六新報社主催「労働者懇親会」東京向島に開催。

一九〇二	三五	三二	2月『長広舌』を人文社より出版。 3月『兆民先生』を博文館より出版。	2・16 花井卓蔵・河野広中ら、最初の普通選挙法案を衆議院に提出（否決）。 4・10 宮崎民蔵が土地復権同志会を創立。
〇三	三六	三三	7・5 『社会主義神髄』を朝報社・東京堂より刊行。 10・10 日露開戦論に反対して堺枯川・内村鑑三と共に『万朝報』を連袂退社。 11・15 麹町有楽町の平民社から、週刊『平民新聞』を発刊。	6・23 御前会議、対露交渉開始を決定する。 6・24 東大教授ら七博士、対露強硬論を発表する。 7・26 近衛篤麿、頭山満ら、対外硬同志会を組織する。 10・6 小村・ローゼン間で日露交渉開始。 12・5 第一九議会召集。 12・10 衆議院議長河野広中、勅語奉答文で内閣を弾劾。 12・11 衆議院解散。
〇四	三七	三四	1・17 『平民新聞』紙上に「吾人は飽くまで戦争を非認す」を発表。 3・13 『平民新聞』第一八号紙上に「与露国社会党書」を発表。	2・4 御前会議、対露交渉打ち切り、開戦を決定。 2・6 ロシア政府に交渉断絶。 2・8、9 仁川沖および旅順口のロシア艦

一九〇五	三八	三五	3・27　『平民新聞』第二〇号紙上に発表した「嗚呼増税！」が発禁となり、発行兼編集人堺利彦は軽禁錮二か月の入獄。 9・1　『社会民主党建設者ラサール』を平民社より上梓。 11・13　堺利彦と共にカール＝マルクスの「共産党宣言」を『平民新聞』に訳載、新聞は発売禁止となり、幸徳・堺・西川光二郎（発行人）は罰金八〇円也の刑をうける。 11・16　社会主義協会が解散を命じられる。 1・29　週刊『平民新聞』廃刊。 2・28　石川三四郎の週刊『平民新聞』の社説「小学教師に告ぐ」の筆禍事件で禁	隊を攻撃。 2・10　宣戦布告。 2・11　大本営設置。 5・1　第一軍鴨緑江を渡り、九連城を占領。 5・5　第二軍遼島半島に上陸開始。 8・14～20　第二インターナショナルの第六回大会がアムステルダムにひらかれ、片山潜、プレハーノフは壇上に握手をかわし、非戦演説を行なう。 8・19　第三軍旅順総攻撃を開始。 9・9　与謝野晶子「君死に給ふことなかれ」を『明星』に発表する。 10・10～18　沙河会戦。 11・26　第三回旅順総攻撃開始。 1・1　旅順のロシア軍が降伏した。 3・10　奉天の会戦。 4・21　閣議、日露講和条件を決定する。

錮五か月の刑をうけ、巣鴨監獄に入獄。

7・28 出獄する。

9・10 『直言』(『平民新聞』の後継紙)発行停止。

10・9 平民社解散。

11・14 横浜解纜、伊予丸にて渡米の途に上る。

12・5 サンフランシスコ到着。

5・27・28 日本海海戦で連合艦隊がバルチック艦隊を破った。

6・9 米大統領ルーズベルト、日露講和を勧告(10日、日本、12日、ロシアが承諾する)。

8・10 日露講和会議ポーツマスで開催。

8・17 講和問題同志連合大会で講和条件の譲歩反対を決議する。

9・5 日露講和条約調印。

9・5 日比谷の講和反対国民大会、御用新聞、交番、電車などの焼き打ちに発展、軍隊が出動して鎮圧する。以後、各地で講和反対市民大会がひらかれる。

10・12 桂・ハリマン覚書(満鉄の共同経営。23日、取り消し)。

11・10 石川・木下・安部ら『新紀元』を創刊。

11・17 第二次日韓協約調印。

一九〇六

三九

三六

1・21 オークランドーメールホールにおいてロシア「血の日曜日」記念集会に日本人同志を代表して演説する。
4・18 サンフランシスコ大震火災にあう。
6・1 オークランドにおいて社会革命党を結成する。
6・5 岡繁樹と同行して香港丸に投じ、サンフランシスコを出発。
6・23 朝、横浜着。
6・28 日本社会党主催の歓迎演説会で、「世界革命運動の潮流」を発表。
7・4 妻と共に帰省の途につき、7日、宿毛着。
9・7 東京に帰り、堺利彦の由分社に寄寓。

12・20 韓国統監府をおく。
12・21 桂内閣総辞職。
1・7 第一次西園寺公望内閣が成立する。
1・14 西川光二郎ら、日本平民党を結成。
1・28 堺利彦ら、日本社会党を結成。
2・24 日本平民党、日本社会党は合同して、新たに日本社会党を組織する。
3・15 東京市で電車賃値上げ反対運動起こり、電車破壊などに激化する。
3月 『社会主義研究』刊行される。
6月 南満洲鉄道会社設立の勅令が公布される。
8・18 呉海軍工廠スト暴動化。下旬東京小石川砲兵工廠スト。
10月 南助松、夕張炭坑に大日本労働至誠会を結成する。
12・11 大阪砲兵工廠スト。

9・20　大久保町百人町八四番地に居を定める。

一九〇七　四〇　三七

1・15　日刊『平民新聞』発刊。

2・5　『平民新聞』第一六号紙上に「余が思想の変化」を発表する。

2・17　日本社会党第二回大会において、田添鉄二の議会政策に反対し、直接行動論を主唱して論争する。

2・22　日本社会党結社禁止。

4・14　日刊『平民新聞』廃刊。

4・25　『平民主義』を隆文館より出版、即日発禁。

8月　レオ＝ド＝ウイッチ（ディチ）、幸徳訳『革命奇談神愁鬼哭』を隆文館より刊行。

9・6　堺・山川等と金曜会を結成。

10・27　東京を引き払い一家郷里に向かっ

1月　『世界婦人』刊行される。日刊『平民新聞』刊行される。

2・4～7　足尾銅山鉱夫暴動化、軍隊出動。

4・28・29　幌内炭坑争議、軍隊出動。

6・4～7　別子銅山暴動、軍隊出動。

6・29　群馬県谷中村に遊水池建設のため強制立退執行。

7・18　夕張炭坑スト。

8・19　英独立労働党首ケア＝ハーディ来日。

8・20　片山潜ら社会主義同志会を結成。

8・30　生野鉱山スト。

11月中旬　渡米中の東京帝大教授高橋作衛法博はサンフランシスコより在米無政府主義者の動向を、穂積陳重教授を通じて元老山県有朋に密告する。

			て出発する。	
一九〇八	四一	三八	6・22 赤旗事件起こる。 7・21 中村、下田港より乗船、上京の途につく。 7・25～8・8 和歌山新宮町に大石誠之助を訪う。この間、大石・成石・沖野および大石の家族たちと熊野川に舟遊する。 8・12 箱根に内山愚童を訪ねる。 8・14 東京に着く。 8・15 赤旗事件の第一回公判を傍聴。淀橋町柏木九二六番地に居を定め、平民社と称する。 9・31 平民社を巣鴨に移転。 11・19 新宮の大石誠之助来訪。 11・25 熊本の松尾卯一太が来訪。	3月 『東京社会新聞』刊行される。 7・4 西園寺内閣総辞職。 7・14 第二次桂太郎内閣成立。 10・23 幌別鉱山で暴動起こる。
〇九	四二	三九	1・15 妻千代子、土佐より上京する。 1・30 『麺麭の略取』の出版を届け出、	1・12 東京市民大会、電車賃値上げ反対を決議。

一九〇九	四二	三九	即日発禁。 2・5　信州の新村忠雄が上京、平民社に同居。 2・13　亀崎の宮下太吉上京して幸徳および森近を訪問し、元首暗殺の決意をつげる。 3・1　妻千代子と協議離婚。 3・18　平民社は千駄ケ谷九〇三に移転、管野すが・新村忠雄も同居する。 5・25　幸徳・管野ら『自由思想』の第一号を発行する。直ちに発禁。この頃より管野すがと恋愛関係を生ずる。 6・10　『自由思想』第二号を発行、即日発禁。 7・12　『自由思想』第一号の出版法違反事件により、東京地裁が罰金一〇〇円の判決。	5・6　新聞紙法公布。

7・15　『自由思想』の発禁後頒布の容疑で、病床の管野が拘引される。

8・10　『自由思想』第二号の出版法違反で、幸徳・管野に罰金各七〇円の判決。

9・1　東京地裁が管野に罰金四〇〇円の判決、保釈で平民社に帰る。

9・6　管野、控訴を申し立てる。

10月上旬　奥宮健之、幸徳より爆裂弾の製法をたずねられ、西内正基より処方を聞いて伝える。

11月　幸徳、この頃より心境の変化をきたし、ひそかに直接行動より身をひき、著述に専念する意をいだく。

10・26　伊藤博文がハルピン駅頭で暗殺された。

一九一〇　四三　四〇

1・1　宮下太吉、東京平民社を訪問。

1・2　宮下離京。

3・22　千駄ヶ谷の平民社を解散し、管野をつれて伊豆湯河原温泉天城屋旅館に止宿、『通俗日本戦国史』を執筆する。
4・15 幸徳・管野、『自由思想』の件につき控訴を取り下げる。
5・18 管野換金刑に服するために下獄。
5・25 いわゆる大逆事件の検挙はじまる。
6・1 幸徳、湯河原で逮捕、東京監獄に収容される。刑法第七三条の罪として起訴。
11・9 予審終結。
11・10 接見禁止を解除される。
11・20 獄中にて最後の著述『基督抹殺論』を脱稿して自序を書く。
11・27 義兄駒太郎にともなわれ、母多治土佐より上京、最後の面会。
12・10 公判開始。傍聴禁止。
12・15 検事、全員に死刑を求刑。
12・18 獄中より、今村力三郎、磯部四郎、

8・22 韓国併合に関する日韓条約調印される。29日、公布施行。
8・22 韓国併合に関する日韓条約調印される。29日、公布施行。
8・29 韓国併合に関する宣言発表。寺内統監を朝鮮総督に任命する。朝鮮総督府設置。
9・11 朝鮮の政治結社に解散命令。
9月 堺利彦ら、売文社設立。

			花井卓蔵の三弁護士にあてた陳弁書をよせ、無政府主義についての正しい理解と取り調べの不備を訴える。 12・27～29　弁護人側、弁論。 12・27　母多治、郷里において病没。	
一九一一	四四	四一	1・18　判決。刑法第七三条により幸徳以下二四名に死刑宣告（うち一二名は無期懲役に恩赦減刑）二名に有期刑。 1・24　午前八時六分、死刑執行。 1・25　屍体は落合火葬場において荼毘に付す。 2・1　遺著『基督抹殺論』が丙午出版社より刊行される。 2・7　遺骨を中村町の正福寺墓地に埋葬する。	1・26　桂・西園寺会談、政府と政友会の提携成立（いわゆる情意投合）。 1月　大逆事件の死刑執行にたいし各国社会主義者より抗議集中。 2・11　貧民済生に関する勅語を下し、宮廷費一五〇万円を下付。 5・30　恩賜財団済生会設立。 2・4　代議士藤沢元造、国定歴史教科書の南北朝正閏問題につき質問書を提出（14日桂首相、改訂を言明する）。 7・7　電車市有反対市民大会。 7・9　東京市会・電車市有案可決。

9月　『青踏』刊行される。
12・31～　東京市電のスト（片山潜指導）。

幸徳秋水《こうとくしゅうすい》■人と思想51　　定価はカバーに表示

1973年 9 月10日　第 1 刷発行©
2015年 9 月10日　新装版第 1 刷発行©

・著　者 ……………………………絲屋《いとや》　壽雄《としお》
・発行者 ……………………………渡部　哲治
・印刷所 ……………………………広研印刷株式会社
・発行所 ……………………………株式会社　清水書院

〒102-0072　東京都千代田区飯田橋3-11-6
Tel・03(5213)7151～7
振替口座・00130-3-5283
http://www.shimizushoin.co.jp

検印省略
落丁本・乱丁本は
おとりかえします。

CenturyBooks

Printed in Japan
ISBN978-4-389-42051-2

CenturyBooks

清水書院の〝センチュリーブックス〟発刊のことば

近年の科学技術の発達は、まことに目覚ましいものがあります。月世界への旅行も、近い将来のこととして、夢ではなくなりました。しかし、一方、人間性は疎外され、文化も、商品化されようとしていることも、否定できません。

いま、人間性の回復をはかり、先人の遺した偉大な文化を継承して、高貴な精神の城を守り、明日への創造に資することは、今世紀に生きる私たちの、重大な責務であると信じます。

私たちがここに、「センチュリーブックス」を刊行いたしますのは、人間形成期にある学生・生徒の諸君、職場にある若い世代に精神の糧を提供し、この責任の一端を果たしたいためであります。

ここに読者諸氏の豊かな人間性を讃えつつご愛読を願います。

一九六六年

清水 梼山

SHIMIZU SHOIN

【人と思想】既刊本

老子	高橋　進
孔子	内野熊一郎他
ソクラテス	中野　幸次
釈迦	副島　正光
プラトン	中野　幸次
アリストテレス	堀田　彰
イエス	八木　誠一
親鸞	古田　武彦
ルター	小牧　治 泉谷周三郎
カルヴァン	渡辺　信夫
デカルト	伊藤　勝彦
パスカル	小松　摂郎
ロック	浜林正夫他
ルソー	中里　良二
カント	小牧　治
ベンサム	山田　英世
ヘーゲル	澤田　章
J・S・ミル	菊川　忠夫
キルケゴール	工藤　綏夫
マルクス	小牧　治
福沢諭吉	鹿野　政直
ニーチェ	工藤　綏夫
J・デューイ	山田　英世
フロイト	鈴村　金彌
内村鑑三	関根　正雄
ロマン=ロラン	村上　嘉隆 村上　益子
孫文	横山　英 中山　義弘
ガンジー	坂本　徳松
レーニン	中野　徹三 高岡健次郎
ラッセル	金子　光男
シュバイツァー	泉谷周三郎
ネルー	中村　平治
毛沢東	宇野　重昭
サルトル	村上　嘉隆
ハイデッガー	新井　恵雄
ヤスパース	宇都宮芳明
孟子	加賀　栄治
荘子	鈴木　修次
アウグスティヌス	宮谷　宣史
トーマス・マン	村田　經和
シラー	内藤　克彦
道元	山折　哲雄
ベーコン	石井　栄一
マザーテレサ	和田　町子
中江藤樹	渡部　武
ブルトマン	笠井　恵二
本居宣長	本山　幸彦
佐久間象山	奈良本辰也 左方　郁子
ホッブズ	田中　浩
田中正造	布川　清司
幸徳秋水	絲屋　寿雄
スタンダール	鈴木昭一郎
和辻哲郎	小牧　治
マキアヴェリ	西村　貞二
河上肇	山田　洸
アルチュセール	今村　仁司
杜甫	鈴木　修次
スピノザ	工藤　喜作
ユング	林　道義
フロム	安田　一郎
マイネッケ	西村　貞二
エラスムス	斎藤　美洲
パウロ	八木　誠一
ブレヒト	岩淵　達治
ダンテ	野上　素一
ダーウィン	江上　生子
ゲーテ	星野　慎一
ヴィクトル=ユゴー	辻　昶 丸岡　高弘
トインビー	吉沢　五郎
フォイエルバッハ	宇都宮芳明

平塚らいてう　小林登美枝
フッサール　加藤精司
ゾラ　尾崎和郎
ボーヴォワール　村上益子
カール=バルト　大島末男
ウィトゲンシュタイン　岡田雅勝
ショーペンハウアー　遠山義孝
マックス=ヴェーバー　住谷一彦他
D・H・ロレンス　倉持三郎
ヒューム　泉谷周三郎
シェイクスピア　福田陸太郎・菊川倫子
ドストエフスキイ　井桁貞義
エピクロスとストア　堀田彰
アダム=スミス　浜林正夫・鈴木亮
ポパー　川村仁也
フンボルト　西村貞二
白楽天　花房英樹
ベンヤミン　村上隆夫
ヘッセ　井手賁夫
フィヒテ　福吉勝男
大杉栄　高野澄
ボンヘッファー　村上伸
ケインズ　浅野栄一
エドガー=A=ポー　佐渡谷重信

ウェスレー　野呂芳男
レヴィ=ストロース　吉田禎吾他
ブルクハルト　西村貞二
ハイゼンベルク　小出昭一郎
ヴァレリー　山田直
プランク　高田誠二
ラヴォアジエ　中川鶴太郎
T・S・エリオット　徳永暢三
シュトルム　宮内芳明
マーティン=L=キング　梶原寿
ペスタロッチ　長尾十三二・福田弘
玄奘　三友量順
ヴェーユ　冨原眞弓
ホルクハイマー　小牧治
サン=テグジュペリ　稲垣直樹
西光万吉　師岡佑行
ヴァイツゼッカー　加藤常昭
メルロ=ポンティ　村上隆夫
オリゲネス　小高毅
トマス=アクィナス　稲垣良典
ファラデーとマクスウェル　後藤憲一
津田梅子　古木宜志子
シュニツラー　岩淵達治

タゴール　丹羽京子
カステリョ　出村彰
ヴェルレーヌ　野内良三
コルベ　川下勝
ドゥルーズ　鈴木亨
「白バラ」　関楠生
リジュのテレーズ　菊地多嘉子
リッター　西村貞二
プルースト　石木隆治
ブロンテ姉妹　青山誠子
ツェラーン　森治
ムッソリーニ　木村裕主
モーパッサン　村松定史
大乗仏教の思想　副島正光
解放の神学　梶原寿
ミルトン　新井明
ティリッヒ　大島末男
神谷美恵子　江尻美穂子
レイチェル=カーソン　太田哲男
オルテガ　渡辺修
アレクサンドル=デュマ　辻昶・稲垣直樹
西行　渡部治
ジョルジュ=サンド　坂本千代
マリア　吉山登

ラス=カサス	染田秀藤
吉田松陰	高橋文博
パステルナーク	前木祥子
パース	岡田雅勝
南極のスコット	中田修
アドルノ	小牧治
良寛	山崎昇
グーテンベルク	戸叶勝也
ハイネ	一條正雄
トマス=ハーディ	倉持三郎
古代イスラエルの預言者たち	木田献一
シオドア=ドライサー	岩元巌
ナイチンゲール	小玉香津子
ザビエル	尾原悟
ラーマクリシュナ	堀内みどり
フーコー	今村仁司 栗原仁
トニ=モリスン	吉田廸子
悲劇と福音	佐藤研
リルケ	星野慎一 小磯仁
トルストイ	八島雅彦
ミリンダ王	森祖道 浪花宣明
フレーベル	小笠原道雄
ヴェーダからウパニシャッドへ	針貝邦生
ベルイマン	小松弘
アルベール=カミュ	井上正
バルザック	高山鉄男
モンテーニュ	大久保康明
ミュッセ	野内良三
ヘルダーリン	小磯仁
チェスタトン	山形和美
キケロー	角田幸彦
紫式部	沢田正子
デリダ	上利博規
ハーバーマス	小牧治 村上隆夫
三木清	永野基綱
グロティウス	柳原正治
シャンカラ	島岩
ハンナ=アーレント	太田哲男
ミダース王	西澤龍生
ビスマルク	加納邦光
オパーリン	江上生子
アッシジのフランチェスコ	川下勝
スタール夫人	佐藤夏生
セネカ	角田幸彦
ペテロ	川島貞雄
ジョン・スタインベック	中山喜代市
漢の武帝	永田英正
アンデルセン	安達忠夫
ライプニッツ	酒井潔
アメリゴ=ヴェスプッチ	篠原愛人
陸奥宗光	安岡昭男